VOM ENDE DER EWIGKEIT

VOM ENDE DER EWIGKEIT

Eine Reise durch bedrohte Polarwelten

Camille Seaman

———

PRESTEL

MÜNCHEN · LONDON · NEW YORK

Für Tala, die mir einen Grund gab, die Welt retten zu wollen.

NEUE IMPULSE FÜR
UNSER HANDELN

Elizabeth Sawin

Im Jahr 1977 schrieb der Astronaut Rusty Schweickart einige Zeilen, weil er uns, die an die Erde gefesselten Seelen, an seinem Erlebnis teilhaben lassen wollte, unseren Planeten, diese »blau-weiße Christbaumkugel«, aus dem All gesehen zu haben.

Wenn es in meiner Macht stünde, würde ich seine Worte in jede einzelne auf unserer Erde gesprochene Sprache übersetzen und sie für jeden Einzelnen der sieben Milliarden Menschen zur Pflichtlektüre machen, bis jeder Einzelne von uns sich endlich klarmachen würde, dass auch er sich auf »diesem kleinen Punkt da draußen […], den man mit dem Daumen abdecken kann«, befindet.

Als ich Camille Seamans Fotos zum ersten Mal sah, aufgenommen sowohl im hohen Norden als auch im tiefen Süden unserer kleinen blau-weißen Erdkugel, erkannte ich in ihr eine Art Verwandtschaft mit Rusty Schweickart, eine Verwandtschaft, die man am besten mit einem Ausdruck beschreiben kann, den Rusty selbst geprägt hat. Camille ist, genau wie Rusty, ein Impulsgeber.

In seinem Essay *No Frames, No Boundaries* schrieb Rusty: »Und du denkst darüber nach, was du erlebst und warum. Steht es dir zu? Hast du das in irgendeiner Weise verdient? Bist du auserkoren worden, um etwas Göttliches, etwas ganz Besonderes erleben zu dürfen, das andere nie erleben werden? Und du weißt, die Antwort darauf lautet nein. Du hast nichts Außergewöhnliches getan, um diese Erfahrung zu verdienen, nichts, um ihrer wert zu sein. Es geht dabei nicht um etwas ganz Besonderes nur für dich allein. Und du weißt in diesem Moment ganz genau, weil das Gefühl dich so stark und mächtig durchströmt, dass du als eine Art Sensor, als Impulsgeber für die ganzen Menschheit dienst, dass du dies als einzelnes Individuum für alle erlebst.«

Diese für uns als Impulsgeber wirkenden Menschen gehen an Orte, an die die meisten von uns nicht gehen können, nie gehen werden, und von dort bringen sie uns dann etwas mit, etwas, das uns – wenn wir es zulassen – verändern wird. Und plötzlich wird uns etwas bewusst, das wir vorher nicht einmal wahrgenommen haben. Unsere Erde, unser Zuhause ist schön. Und klein. Und ein Ganzes.

Es ist kostbar.

Und es verändert sich.

Wir verändern es.

Diese Erfahrungen für uns zu machen, sie in Worte zu kleiden oder in Bildern einzufangen, ist im Grunde genommen alles, was diese Impulsgeber – all die Rustys und Camilles – für uns tun können.

Sie haben sich in einer winzigen Kapsel ins All schießen lassen oder sind über das Eis in die todbringende Kälte marschiert. Sie haben aus ihrer körperlichen Kraft, ihrer Disziplin und jahrzehntelangen

Erfahrung geschöpft, um uns allen zu ermöglichen, eine Idee davon zu bekommen, wer wir sind und wo wir uns befinden.

Trotz des starken Einflusses eines vorherrschenden Weltbildes, das daran festhält, dass wir alle individuelle, konkurrierende Bewohner einer unbelebten Welt sind, waren sie aufgeschlossen genug, Ganzheit wahrzunehmen. Und sie haben dieses Gefühl der Ganzheit zu uns zurückgebracht.

Und von nun an ist es dann an uns, würde ich sagen. Wir haben das Geschenk erhalten: die Worte, die Bilder, das Erlebnis, das nicht für Rusty oder Camille bestimmt war – und genauso wenig nur für uns –, sondern für die ganze Menschheit. Und wir, als Teile dieser Menschheit, die zufällig die Sprache dieser geschriebenen Worte verstehen oder sich einen wunderbaren Fotoband leisten können oder einfach, aus welchem Grund auch immer, genau zur richtigen Zeit am richtigen Ort waren, um von diesem Erlebnis berührt zu werden, können dann die Frage stellen: Und was nun?

Was soll mit diesem Wissen, dieser Erfahrung geschehen?

Was sollten wir tun, nachdem wir erfahren haben, dass unsere Welt so schön ist und so ganz?

Was sollten wir tun, nachdem wir gesehen haben, dass unsere Spezies – jene Spezies, die intelligent genug ist, um in den Weltraum zu fliegen und von dort die Ganzheit unseres Planeten zu sehen, diese Spezies, die neugierig genug ist, um in Gegenden mit den extremsten Bedingungen aufzubrechen und die von ihr verursachten Veränderungen zu sehen – sich genau genommen in höchster Gefahr befindet?

Es gibt natürlich genauso viele Antworten auf diese Fragen, wie es Menschen gibt, denen man sie stellen könnte. Eine allgemeinere Vorstellung von dem, was möglich ist, könnte jedoch aus meinem Bereich der Systemanalyse kommen, die uns daran erinnern würde, dass ein Sensor, für sich allein genommen, ein System nicht ändert. Das sollte nicht missverstanden werden. Sensoren sind von entscheidender Bedeutung. Aber Systeme benötigen darüber hinaus Akteure. Sie brauchen Elemente, die auf eingehende Informationen reagieren und Veränderungen bewirken.

Ein Thermostat (ein Sensor) zeigt vielleicht an, dass es kalt im Zimmer ist, aber ohne Heizung wird es nicht warm werden.

Ein Tachometer (ebenfalls eine Art Sensor) zeigt vielleicht an, dass das Auto zu schnell unterwegs ist, aber ohne Fuß auf der Bremse kann die Gefahr nicht abgewendet werden.

Unsere Sensoren – unsere Rustys und Camilles – sind die Thermostate und die Tachometer. Was wir aus dem machen, was sie uns gezeigt haben, liegt letztlich nur bei uns.

Camille kann uns nicht sagen, was zu tun ist, auch ihre Arbeit kann das nicht. Die richtigen Schritte hängen davon ab, wer man ist, wo man ist und auf welches Netzwerk aus Beziehungen man zurückgreifen kann. Auch die Systemtheorie hat keine Antworten parat, zumindest keine mit klar umrissenen Details. Aber sie kann einige allgemeine Richtungen aufweisen.

Erstens: Weitergeben ist wichtig. Impulsgeber sind dünn gesät, und der Bedarf an Akteuren ist groß, also muss man an andere weitergeben, was man selbst erfahren durfte. Im wahrsten Sinne des Wortes. Teile dieses Buch mit anderen. Kauf ein Exemplar für deinen Schwiegervater und ein weiteres für die Stadtbücherei. Hake so lange nach, bis dein Buchhändler an der Ecke es in sein Schaufenster legt. Und wenn du all dies tust, dann blogge, poste und twittere darüber. Vernetze dich mit der Welt, damit dieser besondere Sensor mit einer immer größer werdenden Gruppe von Menschen verbunden ist, die handeln werden.

Zweitens: Richte dein Augenmerk auf die Ursachen. Camilles Beobachtungen an den Polen sind das Ende einer langen Kausalkette, die auf Entscheidungen wie den Abbau und die Verwendung fossiler Brennstoffe zurückgeht, oder sogar noch weiter zurück, zu den Zielen und Weichenstellungen einer wachstumsorientierten Industriegesellschaft. Suche nach Wegen, diese tief liegenden Ursachen zu beeinflussen, um die Zukunft unserer Pole und die unserer Spezies zu verändern. Ob das mit deiner Stimme bei der nächsten Wahl geschieht, mit Sonnenkollektoren auf deinem Dach oder dem persönlichen Experiment, weniger zu konsumieren und mehr zu genießen. Empfinde Genugtuung bei dem Gedanken, in einer vernetzten Welt nicht an die Pole reisen zu müssen, um deren Schicksal zu beeinflussen.

Drittens: Geh auf die Suche nach Verbündeten. Es kann mühsam sein zu wissen, dass die Welt ein Ganzes und gefährdet ist in einer Gesellschaft, der noch keine dieser beiden Wahrheiten so ganz ins Bewusstsein gedrungen ist. Lass dich nicht an den Rand drängen und daran zweifeln, was du mithilfe von Camilles oder mit deinen eigenen Augen gesehen hast. Wenn du ihre Arbeit oder die von anderen weitergibst, wenn du Schritte unternimmst, um auf die Ursachen einzuwirken, achte darauf, wer einen Schritt nach vorne tut, um an deiner Seite zu gehen. Bitte um Unterstützung und unterstütze andere. Diese Reise, auf der wir lernen, wer wir sind und wo wir unseren Platz auf der Erde haben, ist noch lang, und es ist sehr viel besser, auf einer so langen Reise nicht allein, sondern mit Freunden unterwegs zu sein.

Camille Seaman reiste im Jahr 1999 zum ersten Mal in
die Arktis. Zwischen 2003 und 2011 war sie dann jedes Jahr
als Expeditionsfotografin an Bord von Forschungs- und Handelsschiffen
abwechselnd in der Arktis und Antarktis unterwegs.
Die Fotos und Essays in diesem Buch sind Zeugnisse dieser
Erkundung unserer zunehmend fragilen Polarregionen.

Irgendwo zwischen Meer und Himmel
Spitzbergen, Juli 2008

An dieser Szene in Spitzbergen verblüffte mich nicht nur,
dass der Himmel so tief hing, sondern auch, wie er die
Farbe der Küste in ein sattes Türkis verwandelte.

Kollidierende Eisberge in der Nähe von Elephant Island
Vor der Küste der Antarktischen Halbinsel, Februar 2010

Bei schwerem Seegang durfte ich eigentlich nicht draußen an
Deck sein, aber wir fuhren gerade an der Stelle vorbei, an der
Ernest Shackletons Männer im Jahr 1915 drei Monate lang Schutz
suchten, nachdem ihr Schiff im Weddell-Meer von Packeis
zerstört worden war. Elephant Island ist ein verlassener Ort, und
das tiefschwarze Meer sowie die Dunkelheit, in die der Sturm die
Eisberge und die Insel tauchte, berührten mich zutiefst. Während
unser Schiff durch die stürmischen Wellen schlingerte, weinte ich
still vor mich hin und dachte daran, wie schrecklich es gewesen
sein musste: 17 übel riechende Männer, die in der Kälte und
Nässe unter einem Rettungsboot Schutz suchen und sich von
Pinguinen ernähren mussten. Nicht jeder Tag ist ein Fest.

umseitig

Brüchiges Eis
Spitzbergen, Mai 2009

Das blassgelbe Licht am Horizont liebe ich ganz besonders an
der Arktis. Man findet es auch auf den Gemälden Caspar
David Friedrichs.

Sturm in der Antarktis
Antarktische Halbinsel, Dezember 2008

Die Antarktis wird von extremen Wetterereignissen heimgesucht,
auch von Orkanen. Es sieht vielleicht nicht so aus, aber als
ich dieses Foto aufgenommen habe, hatten wir eine Wind-
geschwindigkeit von mehr als 120 Stundenkilometern –
Windstärke 12 auf der Beaufortskala. Trotzdem ist es mir
gelungen, an Deck zu gehen und geschützt im Windschatten
des Schiffes dieses Foto aufzunehmen. Als ich dort draußen stand,
war ich überwältigt, wie klein der Himmel mit seinen Stürmen
diese ansonsten so gewaltige und unheilvolle Landschaft der
Antarktis aussehen lassen kann.

Aufbrechen

Antarctic-Sund, Antarktis, Februar 2010

Das merkwürdige und mysteriöse Verhalten von Eisbergen
erstaunt mich immer wieder aufs Neue. Ich habe auf meinem
Beobachtungsposten schon oft auf scheinbar unmittelbar
bevorstehende Kollisionen von Eisbergen gewartet, aber
dann glitten sie einfach aneinander vorbei.

Majestätischer Eisberg III
Errera-Kanal, Antarktische Halbinsel, Dezember 2007

Manchmal wünsche ich mir, an diesen Orten ganz allein zu
sein. An diesem Tag hatte ich das Glück, in einem Schlauchboot
mit einer Bootsführerin unterwegs zu sein, die ein Gespür dafür
hatte, dass die Geschwindigkeit und die unruhigen Bewegungen
unseres Bootes die Reflexionen auf dem Wasser beeinträchtigten.
Sie ließ unser Boot langsam durch das Wasser gleiten und
stellte den Motor ab, damit das Wasser zu seiner ruhigen
spiegelähnlichen Oberfläche zurückkehren konnte.
Ich bin ihr dafür sehr dankbar.

I

Es war kein Kindheitstraum von mir, in die Polarregionen zu reisen. Ich bin eigentlich nie neugierig auf diese weit entfernten kalten Gegenden gewesen. Wie merkwürdig, dass mich später sowohl die Arktis als auch die Antarktis so stark in ihrem Bann gezogen haben.

Seit Ende August 2011 bin ich nicht mehr an den Polen gewesen. Bei meinem letzten Besuch gab es so wenig Eis, dass es mir das Herz brach. Ich kündigte meine Stellung als Schiffsfotografin an Bord der M/V *Fram*, das modernste Expeditionsschiff der Hurtigruten und der Stolz Norwegens, benannt nach Roald Amundsens historischem Polarexpeditionsschiff aus den 1890er Jahren. Bis zu diesem Sommer hatte ich die Arktis noch nie so warm erlebt. Ein Großteil des Schnees war geschmolzen, Jakobsleitern blühten und unser Schiff konnte, ohne auf Meereis zu stoßen, bis in den hohen Norden fahren.

Im selben Jahr wurde in der Gegend von Spitzbergen in Norwegen ein junger Brite in seinem Zelt von einem Eisbären angegriffen und getötet. Es war auch genau der Sommer, in dem meine Angst vor Bären an Land ihren Höhepunkt erreichte – jetzt träumte ich von Eisbären. Eisbären überall und ich auf der Suche nach einem Fluchtweg, ohne sie auf mich aufmerksam zu machen. Ich habe großen Respekt vor diesen wunderschönen, kraftvollen Kreaturen und verehre sie. Ich habe nie gewollt, dass meine Anwesenheit in ihrem Lebensraum ihren Tod verursacht. Da es so wenig Meereis gab, schien es naheliegend, dass die Bären auch überall auf dem Land unterwegs sein konnten. Auf der Suche nach Nahrung und Abkühlung waren sie ständig in Bewegung. Durch die Linse meines Fotoapparats wurde ich Zeuge, wie ein junger Bär mehr als fünf Meilen schwamm und seiner guten Spürnase zu einem winzigen Fleckchen Land folgte, das verschiedenen Vogelarten als Nistplatz diente. Dort kletterte er dann auf einen etwa zehn Meter hohen Grat, um zu den Nestern der Vögel zu gelangen, die mehrere Tausend Meilen geflogen waren, um hier gerade mal zwei Eier zu legen. Ich sah zu, wie der hungrige Bär ein Nest nach dem anderen mit Eiern und Jungvögeln plünderte. In weniger als einer Stunde hatte er eine komplette Generation von Königseiderenten, Eismöwen, Dreizehen- und Klippenmöwen sowie Krabbentauchern ausgelöscht.

Nachdem ich das beobachtet hatte, wurden mir die Zusammenhänge allmählich klar. Kein Meereis bedeutete, es würde sich eine Kettenreaktion in Gang setzen, die sich über den ganzen Planeten ziehen würde. Ein hungriger Eisbär könnte für ein vermehrtes Aufkommen von Insekten in Europa verantwortlich sein. Bäume und Ernten würden in Mitleidenschaft gezogen, wodurch Nahrungsmittel knapp werden und die Preise steigen würden. Ein Mangel an Meereis bedeutet auch, dass das Meer sich erwärmt. Wenn Ozeane sich erwärmen, dehnen sie sich aus, der Meeresspiegel steigt und Sturmfluten nehmen ebenso zu wie gewaltige, heftige Stürme, wie zum Beispiel der Hurrikan Sandy 2012 im Osten der USA.

Ich kehrte in eine Welt zurück, der das alles anscheinend egal war. Ich konnte keine echte Dringlichkeit in den Aktionsplänen von Regierungen erkennen, keine offenkundigen Zeichen, dass die Menschen um den Zustand der Polarregionen unseres Planeten besorgt waren. Und vor allem war ich verzweifelt, denn ich konnte nicht erkennen, dass die Menschen auch nur ansatzweise bereit waren, die notwendigen Veränderungen in ihrem alltäglichen Leben vorzunehmen, um die vielen Stürme, Dürren und Fluten einzudämmen, die auf uns zukommen würden, wenn es an unseren Polen kein Eis mehr gäbe. Es dauerte einige Wochen, bis ich mich wieder organisiert hatte. Die Zeit, die ich mit meiner Tochter verbrachte, führte mir vor Augen, dass Scheitern keine Lösung sein konnte. Ich war verantwortlich dafür, diesen Ort in einem besseren Zustand zu verlassen, als ich ihn vorgefunden hatte. Aber eine Frage bekam ich nicht aus dem Kopf. Warum ich? Ich fühlte mich überrollt.

Ich war im Jahr 1999 zum ersten Mal in die Arktis gereist. Ich hatte damals keine Ahnung, dass jene Reise eine Reihe von Ereignissen in Gang setzen würde, die mein ganzes Leben verändern und mir zeigen würde, welcher Arbeit ich mich in meinem Leben widmen wollte. Wie eine arktische Seeschwalbe verbrachte ich zwölf Jahre lang in der Zeit von Mai bis September drei Monate in der Arktis und reiste dann für einen bis drei Monate in der Zeit von November bis Süden in die Antarktis. Ich war verzaubert. Ich bezeichne mich gern als »bipolar« im wahrsten Sinne des Wortes. Ich wurde dafür bezahlt, auf einem Schiff mit Wissenschaftlern und Touristen zu sein, die alle eine Schwäche für diese äußersten Enden unseres außergewöhnlichen Planeten hatten oder einfach neugierig darauf waren. Ich habe so viel gelernt von all den Geologen, Meeresbiologen, Klimaforschern, Ornithologen, Historikern, Kapitänen und Crewmitgliedern. Es war ein intensives, praxisnahes Lernen in ganz besonderen Regionen unserer Welt. Was ich sah, ließ mich demütig werden. Ich begriff, dass vermutlich nur sehr wenige Menschen jemals erleben dürfen, was mir vergönnt war, aber ich erkannte auch, dass dieses Privileg mit Verantwortung verbunden war. Mir wurde bewusst, dass ich mit meinen Kameras die Stimme dieser Orte aufnahm. Es war meine Aufgabe, diese Stimmen mit all denen zu teilen, die nicht wussten, nicht mit ihren eigenen Augen sahen oder fühlten, was ich fühlte, als ich dort mit der Kamera in der Hand an den Polen stand.

Dieses Privileg, dieses großartige Geschenk war, wie so oft bei großen Geschenken, mit einem Preis verknüpft, den ich dafür zahlen musste. Ich war weit weg von meiner Familie, meinem Kind. Die Beziehung zum Vater meiner Tochter ging in die Brüche. Meine Freunde verstanden nicht, warum ich immer wieder zurückkehren musste. Ich war die meiste Zeit allein, und diese permanente Frage begleitete mich wie ein Paar nasse Socken, die tropfen und nicht trocknen wollen. Wieder und wieder fragte ich mich: warum ich?

Der Weg war nicht immer leicht. Raue See, schwierige Passagiere, Rangeleien auf dem Schiff. Meine zerrüttete Beziehung. War es all das wert? Niemanden schien es zu kümmern und niemand schien es auch nur zu bemerken. Was konnte ich, eine einzelne Person, schon bewirken? War das all meine Verluste wert? Sich zu fühlen, als ob man weder gehört noch gesehen wird? Ich kannte die Antwort nicht. Jedes Mal jedoch, wenn ich meine Tochter ansah, wenn ich mit ihr sprach, wurde mir mehr und mehr klar, dass ich nicht aufgeben konnte. Ich muss den Weg weitergehen und hoffe, dass er irgendwohin führt.

Gestrandete Eisberge Detail II

Cape Bird (Ross-Insel), Antarktis, Dezember 2006

Es war ein besonderes Geschenk, mit meinem Kollegen,
dem Fotografen John Weller, und John Palmer als Bootsführer
im Schlauchboot unterwegs zu sein. Ohne festen Plan und
in sicherer Entfernung umrundeten wir die »gestrandeten«
Eisberge – diejenigen Eisberge also, die auf dem felsigen
Untergrund der flachen Küste festsitzen. Wir hatten ausreichend
Gelegenheit, die zarten Farben der Algen im Eis zu bewundern:
Pinktöne, Brauntöne und blasse Grüntöne.

umseitig

Gletscherzunge, Raudfjord

Spitzbergen, Juni 2010

Spitzbergens Gletscher ähneln großen Geheimnissen, die
wispern und raunen, ihr Innerstes aber nie offenbaren.

Kleine Eisberge (»Bergy Bits«) im Errera-Kanal

Antarktische Halbinsel, Dezember 2007

Hier haben die Strömungen und Gezeiten Hunderte Treibeis-
stücke zu einer massiven Blockade zusammengeführt. Es war
nebelig, und der Berg im Hintergrund war im Dunst fast nicht
zu erkennen.

Auftauchender Eisberg
Grönland, August 2008

Ich habe diese Szene nur einmal fotografiert, weil das Meer
etwas unruhig war. Ich hatte Glück, dass der Himmel bedeckt
war, und als ich dieses Licht und diesen Eisberg sah, der einem
auftauchenden Wal gleicht, drückte ich auf den Auslöser.

Großer Pyramideneisberg, Detail
Ostgrönland, August 2006

Eisberge werden je nach Form und Größe in unterschiedliche Gruppen eingeteilt. Dieser Pyramideneisberg war ziemlich spektakulär.

Blick auf die Eisberge

Das Ross-Meer vor der Franklin-Insel, Antarktis, Dezember 2006

Wenn der Arzt John Palmer aus Australien als Schiffsarzt an Bord
der I/B *Kapitan Khlebnikov* arbeitet, gehört auch die Flugüber-
wachung der beiden Helikopter des Schiffes zu seinen Aufgaben.
Hier blickt er in die Ferne, wo zwei gewaltige Eisberge bei
starkem Wellengang kurz vor der Kollision stehen. Einer der
Helikopter – er ist zu klein, um ihn auf dem Foto erkennen zu
können – war losgeflogen, um die Eisberge aus der Nähe zu
beobachten.

The Shape of Things to Come – **was kommen wird**
Antarctic-Sund, Februar 2010

Mit dem Land in unserem Rücken erblickte ich diesen leuchtenden, zerklüfteten Eisberg in tiefblauem Wasser. Als wir ihn umfahren hatten, entdeckte ich, dass die Rückseite eine völlig andere Form hatte, die sich drastisch von dem düsteren Eis an Land abhob.

The Shape of Things to Come II – **was kommen wird**
Antarctic-Sund, Antarktis, Februar 2010

Gletscherwand
Scoresbysund, Ostgrönland, August 2006

Gletscher führen ein sehr bewegtes Leben. Während sie sich talwärts in Richtung Meer schieben, werden sie unaufhörlich aufgewirbelt und in viele Richtungen geschoben und gezogen. Bei diesem Gletscher hier sind die vielen Erdschichten zu erkennen, die er von dem Felsen, über den er sich langsam geschoben hat, abgerieben und mitgenommen hat. Die schwarzen Streifen sind ein Zeichen für die vielen Veränderungen, denen das Eis in den Äonen ausgesetzt war.

Unterwegs auf dem Meereis

Cape Washington, Antarktis, Dezember 2006

Nachdem ein heftiger Blizzard unser Schiff zwei Tage lang im Eis festgehalten hatte, klarte das Wetter endlich auf. Zwei untereinander mit einem Seil gesicherte Expeditionsmitarbeiter konnten sich hinauswagen, um die Dicke der Eisschicht zu prüfen. Sie markierten einen Weg, auf dem die Passagiere dann zu den riesigen Eisbergen gelangen und eine nahe gelegene Kaiserpinguinkolonie besuchen konnten.

Eisberg, Detail mit Dreizehenmöwen

Ostgrönland, August 2006

Allein die Tatsache, dass unser Schiff an diesem ungefähr hundert
Meter aus dem Wasser ragenden Eisberg vorbeifuhr, reichte aus,
um die Vögel von ihren Ruheplätzen aufzuscheuchen. Ich mag
die Oberfläche dieses Eisbergs, die an die Haut eines Elefanten
erinnert.

II

Ich erinnere mich, dass ich als kleines Kind eine Kodak-Pocketkamera in der Hand hielt. »Lass Camille das Foto machen«, sagten unsere Verwandten. »Sie schneidet uns nicht die Köpfe ab.« Über die Fotos hinaus, die ich von meiner Familie machte, hielt ich meine Fähigkeiten oder mein Interesse an Kameras für nichts Besonderes.

Als ich dann 15 Jahre alt war, wurde es bei mir zu Hause ziemlich unerträglich. Meine Mutter, mein Bruder, meine jüngere Schwester und ich lebten im halb ausgebauten Dachgeschoss im Haus einer merkwürdigen Frau im Viertel Jamaica in Queens, New York. Ich besuchte die Kunstschule Fiorello H. LaGuardia High School of Music and Art in Manhattan. Das Verhältnis zu meiner Mutter war schwierig, seit ich 13 war. Die Tatsache, dass diese »berühmte« Schule mich angenommen hatte, bedeutete, dass wir nach New York City ziehen mussten. Sie warf mir vor, sie wieder in die Stadt verschleppt zu haben, der sie glaubte entkommen zu sein. Jeden Tag bekam ich von ihr zu hören, welche Opfer sie für mich bringe und wie viel Geld sie für mich ausgegeben habe. Sie schien mich nicht zu verstehen. Ich konnte den Druck dieses Schmerzes nicht länger aushalten und ging von zu Hause weg. Ich schlief auf den Sofas meiner Punkrockfreunde und im Haus meines Großonkels.

Nach der Schule hatte ich mehrere Jobs, um mich über Wasser zu halten. Zuerst arbeitete ich als Kassiererin bei Woolworth (ich habe gelogen und gesagt, ich wäre 16). Dann schwirrte ich als Fahrradkurier durch die Stadt – kein typischer Job für ein Mädchen – und arbeitete danach auch bei einem Fotoschnellservice. An meiner Highschool erkannte man, dass ich gefährdet war. Als heimatloser Teenager konnte ich leicht durch das Raster fallen und in einer ausweglosen Lage enden. Mir wurde empfohlen, an einem außerschulischen Programm teilzunehmen, wo man mir eine Nikkormat in die Hand drückte, aber kein Handbuch. Es hieß, ich müsse mir den Umgang mit der Kamera selbst beibringen. Sie haben mir allerdings gezeigt, wie man einen Schwarz-Weiß-Film einlegt und die Fotos dann in einer Dunkelkammer vergrößert und entwickelt. Dann sagten sie: »Jetzt geh raus und fotografiere, was du erlebst.« Und genau das habe ich getan.

Wir waren Teenager, Punkrocker, Hexen von der Kunstschule. New York war unser Spielplatz. Kein Ort war tabu. Wir blieben lange draußen, manchmal bis zum Morgengrauen, und gerieten in alle möglichen Schwierigkeiten. Ich fotografierte einfach alles – alle Freunde, alle Abenteuer. Mir wurde klar, dass ich mit dieser Kamera in meiner Hand eine gute Ausrede hatte, an jedem erdenklichen Ort zu sein. Einige meiner Freunde bekamen Probleme mit Alkohol, Drogen und allem Möglichen, aber ich – mit der Kamera in meiner Hand – hatte etwas, worauf ich mich konzentrieren konnte, das mich in der Bahn bleiben ließ. Ich habe mich wirklich nicht als Fotografin gesehen. Fotografieren war einfach etwas, was ich tat.

Die Highschool war großartig, wir lernten Disziplin und konnten praktische Erfahrung sammeln. Als Schüler der LaGuardia hatten wir einen großartigen Ausgangspunkt. Wöchentliche Museumsbesuche gehörten zum Pflichtprogramm, und da wir in Manhattan waren, hatten wir Zugang zu einigen der großartigsten Sammlungen der Kunstgeschichte, etwas, das ich nie als Selbstverständlichkeit betrachtet habe. Ich ging in die Museen und blieb dann viele Stunden dort. Sie sagten sogar jedes Mal, wenn ich ins Metropolitan Museum kam: »Ah, da ist sie ja wieder.« Sie teilten mir einen Museumswärter zu, weil ich den Skulpturen Rodins so gefährlich nahe kam. Ich stand ganz dicht vor Monets *Seerosen*. Ich wollte sehen, wie der Marmor geformt und die Farbe aufgetragen worden waren.

Die Kamera gewährte mir eine positive Aktivität in einer potenziell zerstörerischen Lage. Ich war eine zornige, verwirrte junge Frau, und es war, als hätte man mir mit der Kamera einen Hammer in die Hand gegeben, um diese Steine des Zorns und der Verwirrung zu zerschlagen. Damals war mir das nicht klar, aber jene Kamera damals und ihr Fokus haben mir vermutlich das Leben gerettet. Mit diesem Instrument der Kreativität in meinen Händen konnte ich allen möglichen starken Gefühlen auf friedliche Weise Ausdruck verleihen.

Nach der Highschool ging ich an die Universität und zog danach nach Kalifornien. Ich bin viel herumgereist und hatte die Kamera immer griffbereit. Trotzdem habe ich mich nie als Fotografin verstanden oder jemals in Betracht gezogen, als Fotografin Karriere zu machen. Es war noch nicht offensichtlich, dass das, was ich während meiner Teenagerjahre mit einer Kamera erlebt hatte, ein Samenkorn gesät hatte, das nach und nach Wurzeln bekam und eines Tages blühen würde.

M/V *Prince Albert II Bellsund*
Spitzbergen, Mai 2009

So weit oben im Norden zu sein, kam mir oft wie ein Traum
vor: die Ruhe, die übernatürliche Lichtqualität. Es war diese
vollkommene Stille, die mich magisch anzog und Jahr für Jahr
wieder in die Polargebiete reisen ließ. Verbringt man hier eine
längere Zeit, ist man von einem tiefen Gefühl des Friedens erfüllt.
Vielleicht ist es die Kombination der Umstände, die dieses Gefühl
hervorruft, oder die Tatsache, dass man fernab von jeglicher
Zivilisation am äußersten Ende unseres Planeten ist. Es fällt nicht
schwer, sich hier klein zu fühlen, nicht schwer, sich zerbrechlich
zu fühlen.

M/V *Lyubov Orlova*
Errera-Kanal, Antarktis, Dezember 2007

Einmal lag meine Kabine auf diesem klapprigen, alten Schiff
in der Nähe des Maschinenraums, und Wasser sickerte durch
mein winziges Bullauge, als Wellen in einem überwältigenden
Schauspiel dagegenschlugen. Das Schiff wurde 2010 aus dem
Verkehr gezogen und lag zwei Jahre lang in Saint John's in
Neufundland vor Anker. Die Stilllegung der *Lyubov Orlova*
war äußerst problematisch, und 2013 schließlich wurde aus ihr
ein im Nordatlantik treibendes Wrack, das dann vermutlich
gesunken ist.

M/V *Lyubov Orlova*

Errera-Kanal, Antarktis, Dezember 2007

Einmal lag meine Kabine auf diesem klapprigen, alten Schiff in der Nähe des Maschinenraums, und Wasser sickerte durch mein winziges Bullauge, als Wellen in einem überwältigenden Schauspiel dagegenschlugen. Das Schiff wurde 2010 aus dem Verkehr gezogen und lag zwei Jahre lang in Saint John's in Neufundland vor Anker. Die Stilllegung der *Lyubov Orlova* war äußerst problematisch, und 2013 schließlich wurde aus ihr ein im Nordatlantik treibendes Wrack, das dann vermutlich gesunken ist.

Die, die es mit eigenen Augen sehen wollen
Ostgrönland, August 2006

Traumhafte Tage absoluter Ruhe waren einer der Gründe, warum ich immer wieder in die Arktis zurückgekehrt bin. An solchen Tagen war das Meer ein silberner Spiegel und die Stille eine wunderschöne Decke, die mich umhüllte. An diesem speziellen Tag schoben wir unsere kleinen Gummiboote auf die Eisscholle, standen auf dünnem Eis und fühlten uns nicht besonders sicher.

umseitig

Die Besucher
Rolige-Gletscher, Scoresbysund, Ostgrönland, August 2006

Gletscher sind unberechenbare Kreaturen, sie verschieben sich, knarzen und dröhnen unaufhörlich. Da es nicht selten vorkommt, dass ganze Stücke von der Basis eines Gletschers abbrechen, achten wir immer auf ausreichenden Sicherheitsabstand. Sogar mit einer Kamera kann man den Maßstab nur schwer vermitteln. Auf diesem Foto ist unser Schlauchboot mindestens 450 Meter von der Gletscherflanke entfernt.

Gestrandeter Eisberg
Cape Bird (Ross-Insel), Antarktis, Dezember 2006

Es war Weihnachten und ich war ein wenig betrübt, weil ich nicht bei meiner sieben Jahre alten Tochter war. Als unser Schiff, die I/B *Kapitan Khlebnikov*, sich der Ross-Insel näherte, konnten wir die Adeliepinguine riechen und hören, lange bevor sich ihre Umrisse an der Küste ausmachen ließen.

Besuch bei den Kaiserpinguinen

Cape Washington, Antarktis, Dezember 2006

Es hatte tagelang geschneit. Riesige, schwere Schneeflocken
hatten unaufhörlich die antarktische Stille bombardiert und
dämpften jedes Geräusch. Nur der weit entfernte Ruf der
Kaiserpinguine geisterte durch die weiße Lautlosigkeit.
Nachdem unser Schiff zwei Tage im Eis gewartet hatte, flaute
der Schneesturm ab.
Die Expeditionsmannschaft schickte zwei Männer los, um einen
sicheren Pfad auf dem Eis zu markieren. Dann wagten sich die
Passagiere, unerschrockene Touristen aus der ganzen Welt, auf
die Eisfläche und bewegten sich Zentimeter für Zentimeter auf
die Pinguine zu, die sich ebenfalls auf den Weg gemacht hatten,
weil sie neugierig waren, wer sie besuchen kam.

Die unterschiedlichen Gesichter der Zeit
Südgrönland, August 2008

Juan Carlos, der Geologe der Expedition, erzählte mir mit seinem sympathischen, ausgeprägt kolumbianischen Akzent, dass das Gestein da vor uns der älteste Granitfelsen der Erde und schätzungsweise 3,6 Milliarden Jahre alt sei. Der Gletscher, der sich an der Vorderseite des Felsens entlangzieht – nur noch ein Schatten seines früheren Selbst – ragte aber trotzdem drohend über unserem Schlauchboot auf. Wenn das Eis reißt, bricht und schmilzt, sagen wir, dass es sich »zurückzieht«. Doch es ist mehr als das. Ich fühle mich klein, wenn ich das winzige Boot mit unseren Passagieren sehe, im Kontrast zu dem blauen Eis, das im Vergleich zu dem uralten Gestein kümmerlich aussieht: ein Gestein, das auf seine Weise dem Meißeln und Mahlen widersteht und von den Spuren seines langsamen Tanzes mit dem Eis gezeichnet ist.

III

Ich war das älteste Kind meiner afroamerikanisch-italienischen Mutter und meines Shinnecock-Vaters. Bei der Familie meines Vaters auf Long Island gehörten die Traditionen der Shinnecock-Indianer zu meinem Alltag und ich kam dadurch in den Genuss einer außergewöhnlichen Erziehung. Unser kleiner Stamm, der vom Fischfang lebt, kommt aus einer Gegend im Süden von Long Island in der Nähe der Stadt Southampton. Es gibt dort etwa 1300 Shinnecock, von denen ungefähr 600 in dem kleinen, etwa 3,3 Quadratkilometer großen Reservat leben. Meine Familie hatte das große Glück, außerhalb des Reservats in Huntington leben zu können.

Wir wohnten auf »dem Hügel«. Schon als mein Großvater dort aufwuchs, nannten sie ihn den »Krähenhügel«. Es war ein isolierter kleiner Hügel mitten in Huntington. Meine Familie ging fast täglich zum Fischen. Wir hatten sehr wenig Geld und trotzdem fehlte es uns an nichts. Wir waren erfinderisch und kreativ. Wir hielten Hühner, Enten, Gänse und manchmal sogar Hasen. Meine Großmutter hatte einen großen Garten, in dem mein Großvater die weggeworfenen Fischköpfe vergrub – eine uralte und sehr wirksame Methode, den Boden zu düngen. Wir bauten den Großteil unseres Gemüses selbst an. Wir lebten nicht wie andere Menschen in der Gegend. Ich glaube nicht, dass irgendjemand in der Stadt Hühner hatte oder einen Garten, der so groß war wie unserer, oder Eichhörnchen in den Wäldern jagte oder Waschbären Fallen stellte, um das Fleisch dann zu essen. So haben wir uns ernährt. Wir haben mit Erde gespielt.

Ich besaß keine Vorstellung davon, wie anders meine Kindheit im Vergleich zu der meiner Klassenkameraden war. In meiner Familie wussten wir, wer wir waren, aber ich glaube nicht, dass wir dieses geheime Wissen nach außen trugen. Es war nicht besonders schick, indigene Wurzeln zu haben oder farbig zu sein – selbst zu der Zeit, als ich geboren wurde –, und meine Eltern waren unterschiedlicher ethnischer Herkunft.

Sie haben 1969 geheiratet, also nur ein Jahr, nachdem interethnische Eheschließungen legal geworden waren.

Mein Großvater war ein beeindruckender Mann, zum Teil auch deshalb, weil er keinen einzigen Zahn mehr im Mund hatte, sich aber weigerte, sein Gebiss zu tragen. Alles, was er sagte, war genuschelt. Er konnte sogar einen Maiskolben ohne Zähne essen. Manchmal war er sehr frustriert, wenn wir ihn nicht verstehen konnten und er alles wiederholen musste, aber eine Sache hat er immer klar zum Ausdruck gebracht. Er wollte, dass Männer und Frauen in unserer Familie gleich behandelt werden. Wir Mädchen wurden ermuntert, aufgeschlossen zu sein und unser Bestes zu geben. Mein Großvater hat mich ermutigt, als einziges Mädchen mit den Jungen im Baseball-Team zu spielen. Ich war sogar das dreizehnte Mädchen in den USA, das Baseball spielte. Obwohl es einige Querelen gab, lenkte mein Großvater nicht ein und machte mir Mut, mich von nichts und niemandem davon abhalten zu lassen, mein Bestes zu geben.

Mein Großvater hat uns vieles beigebracht. Er hatte immer Lektionen für uns parat. Er lehrte uns nicht nur Dinge, indem er uns Geschichten erzählte, sondern nahm uns auch mit in die Natur und zeigte uns vieles. Einmal, an einem heißen, wolkenlosen Sommertag, ich muss fünf oder sechs Jahre alt gewesen sein, nahm mein Großvater einige meiner Cousins und Cousinen und mich mit nach draußen. Er wies uns an, uns auf eine Wiese zu setzen, und sagte dann nichts mehr. Wir saßen eine ganze Weile dort, bis es sehr heiß wurde und wir anfingen zu schwitzen. Erst dann hob mein Großvater seinen Arm und zeigte auf eine kleine, weiße Wolke, die am Himmel immer größer wurde. Er sagte: »Seht ihr das? Das dort oben ist ein Teil von euch. Euer Wasser lässt die Wolke entstehen, die den Regen macht, der die Pflanzen gießt, die den Tieren als Nahrung dienen.« Er zeigte uns diesen Zyklus in Bildern und machte uns damit klar, dass alles miteinander verbunden ist. Unser Wasser, unser Schweiß, ist

Teil dieses Kreislaufs, genau wie unser ganzer Körper. Wir sind im wahrsten Sinne des Wortes ein Teil von allem.

Ein anderes Mal nahm er mich mit auf einen Waldspaziergang. Geduldig hielt er bei jedem Baum an und machte mich mit den Bäumen bekannt, als würde er mich Personen vorstellen. Er sagte mir, ich solle mir genau die Gestalt des Baumes ansehen, die Art, wie die Äste wuchsen und wie die Rinde beschaffen sei. Mein Großvater ließ mich den Baum umarmen und hieß mich, langsam zu atmen. »Lass deine Gedanken zur Ruhe kommen«, sagte er. »Höre dem Baum zu, lausche in ihn hinein.« Ich konnte hören, wie er sich bewegte. Er bewegte sich sehr viel langsamer, als wir Menschen das tun, aber er war ganz ohne Zweifel lebendig. Nebenbei lernte ich dadurch die Bäume in den Wäldern wirklich kennen. Sie wurden für mich zu Individuen, nicht nur zu einer Kiefer oder einer Eiche. Ich habe mich nie verirrt.

Die Welt der Familie meines Vaters war eine völlig andere als die der Stadt oder der Gesellschaft, in der wir lebten. Als Kind war ich wegen meiner Identität hin- und hergerissen. Ich war nicht schwarz genug, um Schwarze zu sein, nicht indianisch genug, um Indianerin zu sein, und nicht italienisch genug, um Italienerin zu sein. Ich war etwas anderes. Ich stand außerhalb als Beobachterin und bemerkte, dass das unglaubliche Vorteile hat. Ich verstand Grenzen so, wie sie nur jemand verstehen kann, der auf einer Grenze lebt, und war in der Lage, diese Grenzen zu überschreiten oder sie aufzulösen. Ich konnte nicht ausgeschlossen werden und konnte Brücken bauen, wenn sie zwischen den einzelnen ethnischen Gruppen erforderlich waren. Nach und nach akzeptierte ich mein Anderssein. Ich akzeptierte, dass ich nicht wie die anderen war. Diese Akzeptanz gab mir Kraft, vor allem als ich ein junges Mädchen war. Ich musste nicht versuchen dazuzugehören, und dieses Leben in der Wahrheit gab mir einen kostbaren Vorsprung.

Als meine Eltern sich scheiden ließen, lebten mein Bruder und ich zunächst bei unserem Vater in dem Haus meiner Großeltern auf dem Hügel. Schließlich nahm meine Mutter uns zu sich und die Probleme zwischen uns nahmen ihren Lauf. Erst als ich zur Universität ging, habe ich wieder Verbindung zu meinen ethnischen Wurzeln aufgenommen. Nur meinem Großonkel Sunny habe ich es zu verdanken, dass ich mich überhaupt für einen Platz am College beworben habe.

Onkel Sunny war derjenige Großonkel, der mir erlaubt hat, einige Nächte in der Woche bei ihm zu übernachten, als ich ein heimatloser Teenager war. Gegen Ende meines letzten Highschool-Jahres setzte er sich mit mir an den Tisch und half mir, Bewerbungen für mehrere Colleges (Schulen, auf die er bestand) und Unterlagen für finanzielle Unterstützung auszufüllen. Als ich an der State University of New York in Purchase angenommen wurde, fuhr er mich dorthin. In Purchase hatte ich das Glück, bei John Cohen zu studieren. Obwohl er eigentlich als Musiker und als angesehener Fotograf und Filmemacher sehr bekannt war, war er dort mein Zeichenlehrer. John ging mit unserer Klasse nach draußen auf die saftigen Wiesen, die den Campus umgaben, und wir setzten uns hin und zeichneten stundenlang. Er erzählte mir von seinen Reisen in die peruanischen Anden, den Menschen dort und deren Kultur und beschrieb mir, wie er sie fotografierte und filmte, während er ihre traditionellen Lieder aufnahm. Seine Geschichten entfachten etwas in mir, erweckten mein Herz für meine Familie zum Leben. »Ich habe ein kulturelles Erbe. Ich muss mehr darauf achtgeben.« Ich fing an, wieder mit Perlen zu arbeiten. Jeden Sommer reiste ich in den Ferien in unterschiedliche Reservate in verschiedenen Staaten, auf der Suche nach anderen meiner Art. Wir tauschten nicht nur Geschichten und Erfahrungen aus, sondern auch Techniken der Perlen- und Quillarbeit.

Relikte in Port Lockroy
Wiencke-Insel, Antarktis, Februar 2010

Roald Amundsen und seine Mannschaft erreichten 1911 als Erste den Südpol, weil sie Schlittenhunde einsetzten. 83 Jahre später mussten sämtliche Hunde aus der Antarktis abtransportiert werden, weil die Bestimmungen des Antarktisvertrags vorsahen, dass die Flora und Fauna dort vor nicht heimischen Arten und deren möglichen Krankheiten geschützt werden musste. Dieser zurückgelassene Hundeschlitten erinnert an das goldene Zeitalter der Expeditionen auf diesem Kontinent.

Fast ausgelöscht
Deception Island, Antarktis, Dezember, 2008

Viele Jahre lang war der Walfang der Hauptgrund, warum sich Menschen bis in die Antarktis vorwagten. Hier, direkt an der Walfangstation, kam es 1969 zu einem gewaltigen Vulkanausbruch, fast so als würde das Land sich gegen das Gemetzel, das hier stattgefunden hatte, zur Wehr setzen. Heute gleicht der geflutete Vulkankrater einer Mondlandschaft – ein beliebtes Ausflugsziel für Touristen, die einen Ort sehen wollen, an dem die Natur mithilfe von Feuer, Eis, Wasser und Wind das Land von den Menschen zurückgefordert hat. Diese Insel verhöhnt geradezu die Belanglosigkeit menschlichen Strebens, und die Zerstörung mahnt uns, dass wir letztlich alle zum Ursprung zurückkehren.

umseitig

Walwirbel, Bamsebu-Hütte
Van-Keulen-Fjord, Spitzbergen, Juni 2010

Bereits im frühen 17. Jahrhundert wurde dieser Strand von Walfängern genutzt, die ihn dann endgültig in den 1930er Jahren verließen. Heute steht hier das Holzhaus einer norwegischen Familie. Die Hütte ist mit nach außen zeigenden Nägeln gespickt, um Angriffe von Eisbären abzuwehren.

Kajakskelette
Sisimiut, Grönland, August 2009

Er hatte grüne Augen und sein sandig braunes Haar lugte unter seiner Strickmütze hervor, als er den Kajakrahmen mit einer Schicht Farbe versah. Er war jung. Seine Mutter war Inuit, sein Vater Däne. Er erzählte mir, dass es wichtig sei, ein Kajak auf althergebrachte Art zu bauen, dass man sich an Traditionen nicht nur erinnern, sondern sie auch lebendig halten müsse. Er und sein Bruder bauten ihre Kajaks selbst und beherrschten die vielen verschiedenen Arten der Kajakrolle. Bei nationalen Wettbewerben tragen sie sogar traditionelle Kleidung aus Seehundfell. Er sagte, dann komme er nicht in Schwierigkeiten.

Britische Pistenraupe, Horseshoe Island
Antarktische Halbinsel, Februar 2008

Es scheint, egal wohin wir gehen oder wie sehr wir uns auch bemühen, wir bleiben immer, wer wir sind, wohin es uns auch verschlägt. In den 1950er Jahren war diese Pistenraupe hochmodern, heute ist sie ein vor sich hin rostendes Relikt, zurückgelassen in einer »unberührten« Natur. Es ist zu kostspielig, die Ausrüstungsgegenstände und Trümmer zu entfernen, also bleiben sie dort, genau wie auf dem Everest – als Mahnmal, das uns daran erinnert, wer wir einst waren, und uns fragt, wer wir auf unserer weiteren Reise sein wollen.

umseitig

Esperanza-Station, Hope Bay
Antarktis, Februar 2010

Ich sah die Kinder nur kurz, da sie in dieser abgeschieden gelegenen argentinischen Siedlung auf dem Weg zur Schule waren. Ich dachte, wie außergewöhnlich es sein musste, in der Antarktis aufzuwachsen. Ich fragte mich, ob aus diesen Kindern einst großartige Astronauten werden würden? Zukünftige Erforscher unseres Sonnensystems und jenseits davon? Diese Station ist die einzige Siedlung, in der Familien das ganze Jahr über in der Antarktis leben können. Es gibt dort zwei Lehrer für zehn Familien.

Ölfässer. Die Antarktisstation *Comandante Ferraz*
King George Island, Antarktis, Dezember 2007

Es war ein merkwürdiger Tag. Als wir unterwegs zu der brasilianischen Basis waren, entdeckten wir im Wasser hier und da kleine Trümmerteile. Seit dem Untergang der M/V *Explorer* in der Nähe der Südlichen Shetlandinseln waren erst ein paar Tage vergangen. Irgendetwas an diesem Unglück hatte die Mitglieder der Crew aus dem Gleichgewicht gebracht. Bei unserer Ankunft an der brasilianischen Basis wurden die Zeichen deutlicher, als wir ein leeres Rettungsboot der *Explorer* im Meer treiben sahen. Die im Schnee herumliegenden Ölfässer waren ein Vorzeichen für die Zerstörung der Basis durch ein Feuer im Jahr 2012. Die Antarktis ist ein Ort ohne Gnade.

Was wir getan haben (und nicht vergessen können)
Bamsebu, Van-Keulen-Fjord, Spitzbergen, Juli 2010

Nicht weit entfernt von diesem alten umgedrehten Walfangboot liegen die Überreste von fünfhundertfünfzig Weißwalen (Belugas). Der holländische Name dieses Ortes erinnert an den Verlag in Amsterdam, der im späten 17. Jahrhundert für seine Seekarten bekannt war. Die frühe Erkundung der Arktis wurde in erster Linie vorangetrieben, um neue Walgründe zu entdecken. Männer, die hierher kamen, um als Walfänger zu arbeiten (bereits 1604), mussten ihre eigenen Särge mitbringen, weil es in Spitzbergen keine Bäume und somit kein Holz gibt. Nach 1770 stellten die Holländer den Walfang in dieser Gegend ein. Die Briten verließen den Ort erst im frühen 19. Jahrhundert, als Grönlandwale selten wurden.

umseitig

Die Antarktisstation *Comandante Ferraz*
King George Island, Antarktis, Dezember 2007

Die russische Bergarbeitersiedlung Barentsburg
Spitzbergen, 2010

Barentsburg ist eine heute noch bewohnte Bergarbeitersiedlung mit etwa 500 russischen und ukrainischen Bergarbeitern, die in Unterkünften aus der Sowjetzeit leben. Bekanntermaßen kam es vor, dass den Bergarbeitern Nahrungsmittel und andere Vorräte ausgingen, die per Schiff aus Russland geliefert wurden.

I V

1991 wurde ich in New York City in der U-Bahn überfallen. Nach diesem Martyrium brauchte ich unbedingt einen Tapetenwechsel. Die Mutter meines damaligen Freundes schenkte mir ein One-Way-Ticket nach San Francisco. Ich war zum ersten Mal in Kalifornien. Das Licht, die Heiterkeit und die Freundlichkeit der Menschen sprachen mich sehr an. Für den Rückweg nach New York nahm ich den Zug und kündigte an, dass ich in die Bay Area umziehen würde.

Ich habe in Kalifornien viele tolle Abenteuer erlebt. Ich habe surfen gelernt und bin mit alten italienischen Motorrollern und deutschen Motorrädern durch die Gegend gefahren. Ich hatte mehrere, sehr unterschiedliche Jobs. Ich war Bäckerin, habe auf einem städtischen Schrottplatz gearbeitet und in einem Architekturbüro, und ich habe Fotos bei einem Fotoschnellservice entwickelt. Die meisten meiner Jobs waren Halbtagsstellen, sodass ich noch genug Zeit für meine traditionelle Perlenarbeit hatte und Mokassins, Taschen, Puppen und Kleidungsstücke herstellen konnte, aber auch an mehreren Tagen in der Woche Zeit zum Surfen blieb. An der Westküste war ich außerdem Wander- und Fahrradführerin im Glacier National Park sowie in den Nationalparks Zion, Arches sowie Bryce Canyon und Grand Canyon, habe aber auch Fahrradtouristen im Napa Valley, Sonoma Valley und Alexander Valley Wein serviert. Zwischen diesen Jobs war ich auf meinem Surfboard im Pazifik unterwegs. Zuerst in Hawaii, dann in Baja California, wo ich mit meinem Hund eine Zeit lang am Strand in Punta Conejo gelebt habe. Nach Mexiko habe ich beschlossen, nach Neuseeland und auf die Fidschi-Inseln und dann nach Australien zu reisen. Immer allein und nur mit meinem Surfboard und meiner Kamera im Gepäck. Beim Surfen spürte ich eine magische Verbundenheit mit dem Ozean und ich liebte es, die Kraft des Wassers zu fühlen. Jeder Tag war ein ganz besonderes Geschenk. Bei meinen Surfabenteuern habe ich eine Menge über meine Fähigkeiten gelernt. Ich habe gesehen, wie ähnlich sich die Menschen sind, wohin man auch geht, und wie wunderschön die Ozeane sind.

Als ich dann neunundzwanzig Jahre alt war, habe ich an sechs Tagen in der Woche fast zehn Stunden täglich mit meinen Perlen gearbeitet. Ich hatte mir einen Namen gemacht und bekam laufend Aufträge von Galerien und Privatkunden aus dem ganzen Land. Eines Tages wachte ich mit brennenden Schmerzen in meiner linken Hand auf. Die Diagnose lautete Sehnenscheidenentzündung. Ich konnte wählen zwischen einer Operation, Steroidinjektionen oder Ruhigstellung der Hand und entschied mich für Letzteres. Ich war am Boden zerstört. Meine Perlenarbeit liebte ich, die Herstellung kunstvoller, nützlicher Gegenstände aus traditionell gegerbtem Hirschleder. Ich konnte nicht verstehen, warum mir das genommen wurde.

Da meine Hand heilen musste und ich nur wenig zu tun hatte, lud mein Freund mich ein, ihn auf eine kurze Geschäftsreise nach Los Angeles zu begleiten. Während wir darauf warteten, an Bord gehen zu können, verkündete die Fluggesellschaft, der Flug sei überbucht. »Wir suchen Passagiere, die eine Stunde oder länger auf den nächsten Flug warten können. Als Gegenleistung bieten wir einen kostenlosen Hin- und Rückflug zu allen Zielen, die wir in Nordamerika anfliegen.« Ein Freiflug für nur eine Stunde warten? Für mich kein Problem. Also flog mein Freund ohne mich und ich traf ihn etwas später wieder.

Wir waren mit Alaska Airlines unterwegs, und bis zu diesem Zeitpunkt hatte ich mir weder gewünscht noch davon geträumt, nach Alaska zu reisen. Trotzdem war da jetzt dieses kostenlose Ticket, um genau das zu tun. Für viele Kinder ist es ein Traum, die Pole zu erforschen, den Weihnachtsmann am Nordpol zu besuchen und zu sehen, wo die Eisbären leben. Nicht für mich. Das Leben in der Bay Area war unter anderem angenehm gewesen, weil das Wetter dort so ideal ist. Nie zu kalt und nie zu heiß. Es gibt keine wirklichen Jahreszeiten, sondern im Grunde genommen ewigen Frühling und Sommer. Die Vorstellung, irgendwohin zu gehen, wo es kalt war, hat mich nie besonders gereizt. Trotzdem beschloss ich, nach Kotzebue zu reisen. Ich habe diesen Ort gewählt, weil er an der Beringstraße nördlich des Polarkreises liegt, wo auch die Beringbrücke gewesen sein muss. In der Schule haben wir gelernt, dass die Ureinwohner Amerikas während der letzten Eiszeit über diese Brücke aus Sibirien in die Neue Welt gekommen sind. Das machte mich neugierig, und ich beschloss, ich würde gern über das gefrorene Meer zurück in Richtung Russland wandern, den Weg sozusagen zurückgehen, auf dem meine Vorfahren gekommen waren.

Ich bereitete mich kaum auf diese Reise vor. Ich wusste nur, dass es trotz Frühling bei meiner Ankunft noch ziemlich kalt sein würde. Ich kaufte ein paar warme Klamotten, packte sie zusammen mit meinem anderen Zeug in einen Seesack und machte mich auf den Weg. Nach der Landung in Kotzebue wurde ich mit der schockierenden Realität einer mir völlig unvertrauten Landschaft konfrontiert, alles war absolut weiß und still. Als ich meine Sachen einsammelte, trug ich lediglich eine Fleecejacke und ganz gewöhnliche Schuhe. Meine SLR-Kamera hatte ich im Handgepäck. Ich war absolut nicht vorbereitet auf die eiskalte Luft, die mich traf, als ich das Flugzeug verließ (es gab keinen geschlossenen Flugsteig). Meine Nasenhaare waren sofort gefroren und die eisige Luft stach in meinen Lungen. »Brrr!«, dachte ich, »ich zieh mir besser gleich meine warme Jacke an!« Die Hälfte des Flugzeugs war mit Frachtgut beladen. Weniger als zwanzig Passagiere, von denen die meisten einheimische Inupiat waren, saßen mit mir hinten im Flugzeug. In der Wellblechhütte, die als Flughafengebäude diente, stand ein winziges Gepäckkarussell. Nacheinander sammelten die Passagiere ihre Habseligkeiten ein und verschwanden in die bittere Kälte, bis nur noch ich übrig war. Das Karussell drehte

und drehte sich, aber mein Seesack tauchte nicht auf. Zwei Inupiat-Frauen, die für die Fluggesellschaft arbeiteten, hatten Mitleid mit mir. »Keine Sorge«, sagten sie, »wir kümmern uns um dich, bis dein Gepäck ankommt.« In nur wenigen Minuten trug ich einen Parka aus Seehundfell, Stiefel, Handschuhe, Mütze und sogar eine Schutzbrille! Eine von ihnen rief ihre Schwester an, die das Taxi im Ort fuhr, und nachdem diese mir eine einstündige Führung durch die kleine Stadt gegeben hatte (ich durfte im Auto sitzen bleiben, während sie ihre Fahrgäste beförderte), lieferte sie mich an meinem Hotel ab.

Eines Morgens beschloss ich, dass der Tag gekommen war. Heute würde ich über die Beringstraße wandern. Ich packte mich warm ein und marschierte los – es waren ungefähr minus 35 Grad Celsius, durch den eisigen Wind aber gefühlte minus 50 Grad. Ich lief die verschneite Uferböschung hinunter, trat auf das gefrorene Meer hinaus und ging einfach los. Jeder Teil meines Körpers war verhüllt. Ich trug eine Skibrille, und ein Schal bedeckte die ungeschützten Partien meines Gesichts. Ich war so gut verpackt, dass ich meinen Atem hören konnte, und fühlte mich wie ein Astronaut auf dem Mond oder vielleicht auch wie Darth Vader bei der Erkundung der Arktis. Überrascht, wie laut das Eis unter meinen Füßen quietschte, ähnlich wie Styropor, ging ich zuerst langsam weiter, weil ich unsicher war, wie weit ich dieser ungewohnten Oberfläche trauen konnte. Ich fühlte mich bald sicherer, vor allem als ich sah, dass jemand im Abstand von ungefähr fünf Metern kleine Zweige in das Eis gesteckt hatte. Ich war auf einem behelfsmäßig abgesteckten Pfad unterwegs, der weg von der Stadt in Richtung Beringstraße und Meer führte. Ich wanderte auf dem gefrorenen Meer, hätte aber ebenso gut auf einem weit entfernten Planeten unterwegs sein können. Mein ganz persönlicher extraterrestrischer Moment, nur dass ich hier auf der Erde unterwegs war! Ich war so begeistert, dass ich fast den jungen

Mann nicht bemerkt hätte, der auf seinem Motorschlitten neben mir auftauchte.

»Alles in Ordnung?«, fragte er.

»Oh ja«, sagte ich, »ich gehe nur spazieren.«

»Okay«, entgegnete er. Er blickte mich verwundert an und fuhr davon.

Er blieb nicht der Einzige. Andere hielten neben mir an, stellten dieselbe Frage und reagierten immer genauso. Nachdem ich mehr als eine Stunde gelaufen war, konnte ich keine Zweige mehr entdecken. Jetzt hielten zwei Leute rechts und links neben mir an. Auf dem einen Motorschlitten saß ein Inupiat-Mann, auf dem rechts neben mir eine russische Frau. Der Mann stellte mir eine ganz andere Frage als alle, die vorher bei mir angehalten hatten.

»Wohin gehst du?«, fragte er, und ich antwortete: »Ich versuche, dahin zu kommen, wo das Eis aufhört und das Meer beginnt.«

Ich habe wirklich geglaubt, da wäre eine glatte Kante aus Eis und dahinter dann plötzlich das dunkle Wasser des Meeres. Ich war so naiv und hatte so unsinnige Vorstellungen. Der Mann sagte mir, bis dahin seien es noch 22 Meilen. Sie sagten, sie wollten zum Eisfischen dorthin und sie würden mich gerne mitnehmen, ließen mich aber auch wissen, dass sie nicht zurückfahren würden. Sie planten, auf dem Eis zu kampieren. Ich dachte kurz darüber nach. Ich hatte keine Vorräte bei mir. Kein Wasser, kein Schutzdach, kein Essen, keine zusätzliche Kleidung. Nichts. Nur meine Kamera, die ich warm gepolstert unter meinem Parka trug. Ich wusste, dass ich keine realistische Chance hatte, bis nach Russland zu kommen, und sie würden mich dort mit Sicherheit auch nicht ins Land lassen, selbst wenn ich es so weit schaffte. »Nun gut«, überlegte ich. »Ich bin noch nie auf einem Motorschlitten gefahren.« Hier war sie, meine Chance. Ich sagte ihnen, ich würde ein kleines Stück mit ihnen fahren und kletterte auf den Rücksitz des Schlittens, auf dem der Mann saß. Mir

wurde bald klar, wie schnell diese Schlitten fahren! Wir waren mit ungefähr 95 km/h unterwegs. Während wir über das Eis sausten, realisierte ich, dass diese Geschwindigkeit Entfernung bedeutete. Ich überschlug im Kopf, was 95 km/h dividiert durch 5 Minuten bedeutete. Ich klopfte dem Mann auf die Schulter und rief: »Stopp! Stopp! Ich muss den ganzen Weg zurücklaufen!« Sie hielten an, ließen mich absteigen, und ich bedankte mich bei ihnen. Ich sah ihnen nach und fotografierte sie, wie sie dem Horizont entgegenfuhren.

In dieser Jahreszeit steht die Sonne tief am Himmel, direkt über dem Horizont. Da sie nie höher steigt, hat es den Anschein, als würde sie seitwärts wandern. Um etwa ein Uhr in der Nacht versinkt sie, um bereits zwei Stunden später wieder aufzugehen. Obwohl es nie sehr hell wird, ist es wunderschön zu beobachten, wie die Sonne seitwärts wandert.

Nachdem die Motorschlitten außer Sichtweite waren, drehte ich mich um und suchte den Horizont nach der Stadt ab, konnte sie aber nicht entdecken. Sie war verschwunden. Um mich herum war alles weiß, nichts als weiß, es war kaum ein Unterschied zwischen Himmel und Eis zu erkennen. Ich flippte aus. Mir wurde klar, dass niemand auf der Welt wusste, wo ich war. Meine Lage wurde mir bis in jede Einzelheit bewusst: Ich war auf dem gefrorenen Meer. Ich konnte in das Eis einbrechen. Eisbären waren hier unterwegs. Bei einem Whiteout würde ich niemals zurückfinden. Wenn es viel kälter würde, könnte ich erfrieren. Ich hatte weder Essen noch Wasser dabei. Was waren das für Gedanken in meinem Kopf? Ich versuchte mich zu beruhigen und beschloss den Spuren der Motorschlitten zu folgen, bevor sie vom Wind verweht wurden.

Während des fünfstündigen Rückwegs hatte ich eine Art Erwachen. Alles, was mein Großvater mir versucht hatte beizubringen, als ich klein war, wurde bestätigt. An diesem extremen Ort wurde mir plötzlich völlig *klar*, dass ich ein Geschöpf dieses Planeten bin. Ich bin im wahrsten

Sinne des Wortes aus dem Material dieses Planeten gemacht, wir alle sind das. Als ich diese langen, weißen Meilen mit vielen knirschenden Schritten hinter mich brachte, sah ich ganz deutlich, wie absurd doch Religionen, Grenzen, Kulturen und Sprachen sind. Im Grunde genommen sind wir alle aus demselben Stoff gemacht. Wir alle sind Erdbewohner. Es gibt keine Trennung. Es gibt keine Unterschiede. Keiner von uns wurde im Weltall geboren und wir alle werden wieder zu dem Stoff werden, aus dem die Erde gemacht ist. Mir wurde bewusst, dass ich auf meinem *Felsen* im All stand. Ich verstand, wie unermesslich und wie unbedeutend das war. Ich verstand, dass ich auf der Skala der Zeit, des Raums und der Geschichte dieses Planeten völlig unbedeutend war. Wenn ich jetzt sterben würde, würden der Wind und das Eis ohne Rücksicht über meinen kalten, toten Körper wehen, aber die Tatsache, dass ich noch lebte, auf dem Eis stand und über solche Dinge nachgrübelte, war ein Wunder. Ich überlegte wenn aus meinem Schweiß Regen wird, aus wessen Schweiß ist dann das Eis? Wann ist es aus welchen Urahnen entstanden? Welche Geschöpfe haben das hier geschaffen? Ich bin mit allen verbunden, bin mit allen verwandt.

Und da verstand ich die wesentliche Natur unseres Planeten. Wir sind wahrhaftig eine lebendes Netz, jeder Einzelne ist mit den anderen verbunden. Mir wurde klar, wie absurd wir als Menschen gegenwärtig handeln und denken. Wir verhalten uns, als wären wir irgendwie losgelöst von allen anderen Lebensformen oder würden über diesen stehen. Und wir meinen, tun zu können, was immer wir wollen. Wie dumm wir sind, von den Konsequenzen unseres Verhaltens dann überrascht zu sein. Ich war ein anderer Mensch, als ich die Uferböschung hochstieg und zum Nullaġvik Hotel zurückging.

Was ich damals noch nicht wusste, war, dass ich, als ich diese Wanderung auf dem Meereis machte, bereits seit einigen Wochen mit meiner Tochter schwanger war. Mir ist heute klar, dass, während mir diese neue Sichtweise so deutlich bewusst wurde, mein Kind in mir wuchs. Sie war auf dieser Reise bei mir. Ich erwachte als eine Mutter.

Eselspinguine in Port Lockroy
Antarktische Halbinsel, Dezember 2005

Port Lockroy wurde während des Zweiten Weltkriegs als
britischer Stützpunkt errichtet und war bis 1962 in Betrieb.
Die Insel, auf der der Hafen liegt und die Eselspinguinen als
Brutplatz dient, ist so klein, dass man sie zu Fuß in weniger
als zehn Minuten umrunden kann. Die Station, in der heute
ein Museum untergebracht ist, verfügte weder über Sanitär-
anlagen noch über eine Heizung. Port Lockroy ist heute eine
beliebte Touristenattraktion, die mehr Besucher anzieht als
jeder andere Ort in der Antarktis – wahrscheinlich weil es dort
einen beeindruckenden Souvenirladen und ein Postamt gibt.

Die Könige von Südgeorgien

Südgeorgien, März 2010

Es gibt nur wenige Motive auf diesem Planeten, die mit der riesigen Ansammlung von Königspinguinen auf der Inselgruppe Südgeorgien konkurrieren können. Hier an Land zu gehen, gleicht der Ankunft auf einem fremdartigen Planeten, an dem die Zeit vorübergegangen ist. Der Königspinguin ist nach dem Kaiserpinguin die zweitgrößte Pinguinart.

Rentiere und Königspinguine auf Südgeorgien

Südgeorgien, März 2010

In den Walfangzeiten Südgeorgiens brachten die Norweger Rentiere als Nahrungsquelle mit auf die Insel. Heute, hundert Jahre später, leben dort immer noch Rentiere und sorgen zusammen mit den Pinguinen für eine außergewöhnliche Szenerie.

umseitig

Eselspinguine in Balzpose

Cuverville Island, Antarktische Halbinsel, Dezember 2007

Diese beiden Eselspinguine vollführen einen Balztanz, bei dem sie sich perfekt synchron bewegen müssen, wenn sie ein Paar werden wollen. Pinguinpaare bleiben manchmal über viele Jahre zusammen und stärken ihre Bindung, indem sie diesen Tanz wiederholen.

Überreste eines Adeliepinguins

Cape Bird, Antarktis, Dezember 2006

Die Überreste dieses Pinguins sind vermutlich schon zweihundert Jahre alt. Er wurde vermutlich vor Hunderten von Jahren während eines Schneesturms begraben, der über die dort nistenden Pinguine hereinbrach.

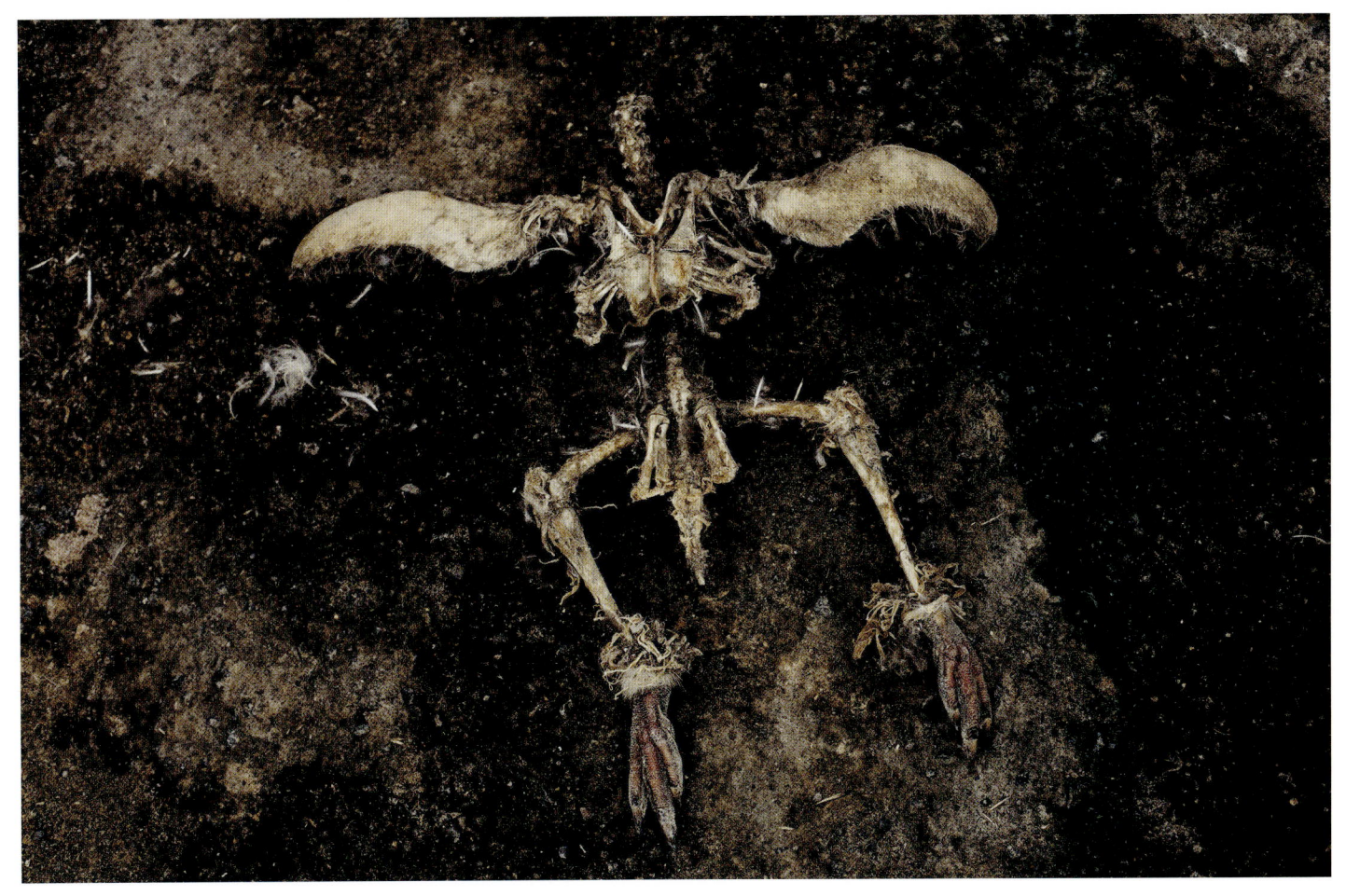

Du zuerst!

Ross-Meer, Antarktis, Dezember 2006

Orcawale patrouillierten vor der Kante des Meereises. Die
Adeliepinguine schienen ein Gespräch zu führen, das ich mir
ungefähr so vorstellte: »Du zuerst! Das letzte Mal war ich dran!«

umseitig

Zerstörtes Adeliepinguin-Ei

Cape Bird, Antarktis, Dezember 2006

Das Geschick und die Sorgfalt erfahrener Eltern sind erforderlich,
um die unaufhörlichen Angriffe der unbarmherzigen Raub-
möwen abzuwehren. Aber auch die Möwen müssen ihre Jungen
füttern.

Adeliepinguin-Kolonie, Detail

Cape Bird, Antarktis, Dezember 2006

Studien haben gezeigt, dass Pinguine zum Rasten an Plätze
zurückkehren, die nicht weiter als einen Meter von denen
entfernt sind, an denen sie geschlüpft sind. Damit verwandeln
sie ihre Kolonien in angestammte Brutplätze. Adeliepinguine
bauen ihre Nester aus kleinen Felsbrocken und Kieselsteinen,
die sie manchmal auch aus den Nestern ihrer Nachbarn stehlen.

Beschwerlicher Ausflug
Ross-Meer, Antarktis, Dezember 2006

Ich habe stundenlang beobachtet, wie die Pinguine über das
Eis watschelten, hinfielen, weiterwatschelten, schlitterten
und schließlich Schritt für Schritt den langen Weg hinter sich
gebracht hatten, um unser großes, im Eis verkeiltes Schiff zu
begutachten. Sie nahmen uns unter die Lupe, indem sie ihre
Köpfe zuerst nach links und dann nach rechts drehten. Nachdem
wir uns gegenseitig etwa eine halbe Stunde lang beäugt hatten,
beschlossen die Pinguine, immer noch nicht zu wissen, was wir
sind oder warum wir uns dort aufhalten, drehten sich um und
traten den langen Heimweg an.

umseitig

Eselspinguine im Schnee II
Port Lockroy, Antarktische Halbinsel, Dezember 2007

Historisch gesehen ist die Antarktis ein trockener Ort mit
weniger Niederschlägen, als man zunächst denken möchte.
Pinguine haben nie den Instinkt entwickelt, ihre Nester bei
starkem Schneefall zu verlassen. Da es heute leider immer
häufiger schneit, können Pinguine tatsächlich vom Schnee
lebendig begraben werden.

Im Gänsemarsch
Franklin Island, Antarktis, 21. Dezember 2006

Wenn man Pinguine nur einen Tag lang beobachtet, wird man
ihnen mit größtem Respekt und mit Wertschätzung begegnen.
Sie haben ein humorvolles Wesen, verfügen über eine erstaunliche
Arbeitsmoral und einen ausgesprochenen Sinn für Sauberkeit.
Diese Adeliepinguine sind auf dem Weg zum Meer, um ihr
tägliches Bad zu nehmen und vielleicht etwas Nahrung zu finden.

Einsamer Kaiserpinguin mit Eisbergen

Cape Washington, Antarktis, Dezember 2006

Kaiserpinguine lassen Wachposten wie diesen hier als Babysitter
zurück, während die meisten von ihnen ein Bad nehmen und auf
Nahrungssuche gehen. Bei unserer Ankunft am Cape Washington
war ich von der beeindruckenden Landschaft überwältigt.
Riesige, im Meereis festgefrorene Eisberge bildeten die Kulisse
für Hunderte von jungen Kaiserpinguinen, die sich in kleinen
Gruppen zusammendrängten. Das Ganze sah aus wie eine Szene
aus einem Film. Während wir uns den Pinguinen nur bis auf etwa
fünf Meter nähern durften, konnten sie uns so nahe kommen,
wie sie wollten. Ich fand heraus, dass sie Vertrauen fassten, wenn
ich mich bäuchlings in den Schnee legte – sie kamen bis auf
wenige Zentimeter an mich heran.

umseitig

Spitzer Eisberg

Grönland, September 2009

Als wir durch die Diskobucht fuhren, tauchte hier und da ein
Eisberg auf. Die Unverwechselbarkeit von Eisbergen – ihre Form,
ihre Farbe und sogar die Art, wie sie durch das dunkle, kalte
Wasser gleiten – erstaunt mich immer wieder aufs Neue.

Eselspinguin mit Gletscher

Port Lockroy, Antarktische Halbinsel, Dezember 2007

V

Als Kathan, die Mutter meines Freundes, die Geschichte von meiner Wanderung über das Eis und der Begegnung mit meinem Planeten hörte, beschloss sie, dorthin reisen und es selbst ausprobieren zu müssen. Kathan war fast siebzig, als sie an Bord des atombetriebenen russischen Eisbrechers I/B *Yamal* ging, der unterwegs zum geografischen Nordpol war. Nach ihrer Rückkehr erzählte sie uns, ihre Reise sei so mitreißend gewesen, dass sie ein Buch über ihre Erlebnisse verfassen wolle. Kathan wollte in diesem Buch auch über mich schreiben, weil ich sie zu dieser Reise inspiriert hatte. »Wir müssen alle zusammen an diesen Ort reisen, der Spitzbergen heißt«, sagte sie. Ich weiß noch, dass ich dachte, dass ich eigentlich nie mehr eine Kälte wie die in Alaska erleben musste. Ich zögerte wirklich, aber Kathan ist hartnäckig. Sie ist eine unglaublich inspirierende, starke und beeindruckende Frau. Also machten wir uns auf den Weg.

Zu diesem Zeitpunkt war meine Tochter bereits auf der Welt und 9/11 hatte sich ereignet. Ich hielt mein Kind im Arm, als ich im Fernsehen die Türme einstürzen sah, und ich begriff in diesem Augenblick, dass meine Tochter diese Gebäude nie kennenlernen würde, wie ich sie gekannt hatte. Dieses Wissen brachte bei mir etwas ins Rollen. Jahre zuvor, in meiner Zeit als Fahrradkurier, hatte ich dort täglich Päckchen abgeliefert. Das World Trade Center war Teil meiner visuellen Landschaft. Ich kannte diese Gebäude, ich wusste, dass dieser Raum eine Gemeinschaft von Menschen beherbergt hatte. Als sie einstürzten wurde mir zum ersten Mal die Bedeutung eines Fotos als historisches Zeitzeugnis bewusst, als Erinnerung – eine nicht exklusive Erinnerung, die mit anderen geteilt werden kann, sogar mit denen, die heute noch nicht geboren sind. Fotos der Türme, von Gesichtern oder von Eisbergen sind Existenznachweise, nicht viel anders als die Fotos unserer Vorfahren.

Das zweite ausschlaggebende Ereignis, das mich überzeugte, mich selbst als Fotografin zu sehen, war die US-amerikanische Bombardierung Afghanistans. Ich weiß noch, dass ich auf meinem Sofa in North Berkeley saß, die Nachrichten im Fernsehen sah und dachte, dass wir, als Volk, als Land, auf dem falschen Weg waren. Ich wusste, dass eine andere Geschichte erzählt werden musste, die Geschichte, wie schön das Leben ist, wie überwältigend dieser Planet ist und wie glücklich wir sind, das zu haben, was wir haben. Ich wusste mit großer Klarheit und Gewissheit, dass ich meine Erlebnisse mit einer Kamera festhalten und eine andere Geschichte erzählen wollte als die, die man fast ausschließlich in den Abendnachrichten zu sehen und zu hören bekam.

Als Kathan mit uns nach Spitzbergen fuhr, war ich eine Fotografin, die ein Ziel hatte und deren Arbeit einen Zweck erfüllte. Ich hatte Kameras mit unterschiedlichen Formaten im Gepäck – eine 35-mm-Messsucherkamera, eine alte Rolleiflex TLR, eine 4 x 5 Feldkamera und eine 6 x 4,5 Mittelformatkamera –, aber ich hatte keinen Masterplan. Ich wusste nur, ich würde fotografieren.

Die Reise nach Spitzbergen war völlig anders als mein Soloabenteuer in Alaska vier Jahre zuvor. Dieses Mal war ich mit meinem Freund, dessen Mutter und meiner bereits drei Jahre alten Tochter unterwegs. Wir flogen nach Longyearbyen und gingen dort an Bord der M/V *Polar Star*, eines kleinen, umgebauten norwegischen Eisbrechers, auf dem weniger als sechzig zahlende Passagiere mitfuhren, die alle die Arktis und vielleicht einige Eisbären sehen wollten. Als die *Polar Star* gen Norden fuhr, gerieten wir in Treibeis – und ich geriet ins Schwärmen. Das Durchbrechen des Eises mit unserem Schiff war ein äußerst merkwürdiges und gleichzeitig auch wunderbares Gefühl. Ein Teil meines Gehirns dachte: Eis plus Schiff bedeutet nichts Gutes, aber es war wundervoll, den Ausdruck auf dem Gesicht meiner Tochter zu beobachten, als das Schiff durch das Eis rumpelte, kratzte und knirschte. Wir alle fanden es wunderbar. Als Dankeschön dafür, dass Kathan uns nach Spitzbergen eingeladen hatte, beschlossen mein Freund ich, mit ihr im darauffolgenden Jahr an Weihnachten in die Antarktis zu reisen. Meine Tochter war fünf, als wir auf genau demselben norwegischen Schiff durch die Drakestraße fuhren.

Im August 2004, nach meiner ersten Tour nach Spitzbergen, reiste ich mit dem für *National Geographic* arbeitenden Fotografen Steve McCurry nach Tibet. Als ich beschloss, Fotografin zu werden, wusste ich, dass ich keine Schule mehr besuchen wollte, um zu lernen, wie man professionell fotografiert. Ich verbrachte stattdessen sehr viel Zeit damit, mir die Arbeiten anderer Fotografen anzusehen. Jedes Mal, wenn ich jemandem begegnete, der etwas tat, was ich verstehen wollte, kontaktierte ich diesen Fotografen persönlich und stellte ihm Fragen. Ich bewunderte McCurry für seine Fotos, weil er mit natürlichem Licht arbeitete und seelenvolle Porträts von Menschen auf der ganzen Welt gemacht hatte. Bei diesem ersten Mal in Tibet hatte ich die besagten fünf Kameraformate dabei, und Steve setzte mir ganz schön zu. »Warum schleppst du den ganzen Schrott mit dir rum?«, schimpfte er. Als er mich draußen auf der Straße sah, als die Sonne hoch am Himmel stand, rief er: »Was zum Teufel machst du da draußen in *dem* Licht?« Er war streng mit mir, aber auch sehr großzügig und nachsichtig. Er zog mich in die Seitenstraßen und Gassen und zeigte mir, wo das Licht einfach magisch war. An diesen Plätzen nahm er sich die Zeit, mich zu lehren, welche Wirkung Licht haben kann. Steve machte mir klar, dass es das Bewusstsein für die Qualität des Lichts ist, die den Unterschied in einem Foto ausmacht. Auf unserer Reise durch Tibet ging es nur um Porträts. Es war einfach fantastisch und ich habe eine Menge gelernt.

Als ich jedoch in der Antarktis ankam (wenige Monate nach meiner Reise mit Steve), gab es dort keine Menschen, die ich fotografieren konnte, also beschloss ich, alles so aufzunehmen, als würde ich ein Porträt anfertigen. Dieses einfache Vorhaben passte perfekt zu all dem, was mein Großvater mir beigebracht hatte (betrachte einen Baum als Individuum). Es funktionierte hervorragend. Jeder Pinguin, dem ich begegnete, war ein einzigartiges Individuum, jede Hütte, jeder Felsen, jede Eisscholle. Ich konnte mit allem Verbindung aufnehmen, weil alles eine eigene Persönlichkeit besaß.

Wir fuhren durch das Weddell-Meer und mein erster riesiger Tafeleisberg, so groß wie ein Häuserblock in Manhattan, tauchte vor mir auf. Unser beherzter norwegischer Kapitän manövrierte die *Polar Star* zwischen den Eisbergen hindurch. Wir befanden uns direkt zwischen diesen canyonartigen Eiswänden, die ungefähr sechzig bis fünfundsiebzig Meter hoch über dem Meer aufragten. Einige hatten sogar ihre eigenen Wasserfälle. Im Wasser ließen schimmernde neonblaue Bänder an den Rändern der Eisberge erahnen, was sich darunter verbarg – weitere dreihundert Meter Eis. Als ich sie zum ersten Mal sah, hatte ich eine Art Blackout und ein Zittern durchlief meinen Körper. Ich dachte: »Wie viel Zeit ist das? Wie viele Schneeflocken? Wie viele Vorfahren?« Ich war von Staunen und Ehrfurcht erfüllt. Ich dachte über die Abfolge der Ereignisse nach, die mich genau dorthin, zu diesen Riesen, gebracht hatten. Ich fühlte mich privilegiert und geehrt, diese weißen Gebilde, dieses über Generationen entstandene Eis auf seinem Weg zurück ins Meer erleben zu dürfen.

2006, bei Eddie Adams' Barnstorm-Workshop, gab der Fotograf David Guttenfelder meine Mappe mit den Fotos meiner Reisen in die Antarktis und Arktis ohne mein Wissen an David Griffin weiter, den Leiter der Fotoabteilung von *National Geographic*. Ich war hellauf begeistert und sprachlos zugleich, als David mir einen Scheck und einen *National-Geographic*-Preis für meine Arbeit überreichte. Dieser Preis brachte mir im Dezember desselben Jahres einen Platz auf dem russischen Eisbrecher I/B *Kapitan Khlebnikov* ein. Die Expedition sollte einen Monat dauern. Wir legten in Littleton in Neuseeland ab und fuhren dann durch den riesigen

Südlichen Ozean in das Ross-Meer. In diesem Teil der Antarktis herrschte bei der Crew eine deutlich gedrücktere Stimmung. Diese Reise war bitterer Ernst. Wir fuhren in eine Gegend, in der eine Evakuierung und Rettung auf keinen Fall einfach – wenn überhaupt möglich – sein würden. Nach zwei Tagen im Südlichen Ozean teilte einer der Passagiere dem Kapitän mit, er habe sich beim Reiten verletzt, bevor wir Neuseeland verlassen hatten. Da er ein Taubheitsgefühl verspürte und die Bewegungen des Schiffs ihn zunehmend beeinträchtigten, begann er sich zu fragen, ob er vielleicht seine Wirbelsäule verletzt hatte. Das war ein ernstes Problem. Wir gingen vor der vom Wind gepeitschten Küste von Enderby Island vor Anker – so ungefähr am äußersten Punkt, von dem aus eine Evakuierung mit dem Hubschrauber durch die australische Küstenwache noch möglich sein würde. Es war nicht sicher, ob die Hubschrauber für den Flug nach Enderby genug Benzin an Bord haben würden, auch wenn auf der Insel einige Treibstofffässer für Notfälle gelagert waren. Sie würden außerdem etwas von dem Helikoptertreibstoff benötigen, den wir für unsere beiden alten russischen Hubschrauber an Bord der *Khlebnikov* hatten. Die Küstenwache war sich so unsicher, ob sie es bis zu uns schaffen würde, dass sie für den Fall, dass einer der Hubschrauber während der Rettungsaktion auf dem Hin- oder Rückflug ausfallen sollte, nicht nur einen, sondern zwei Helikopter schickte. Das Ganze war aufregend, aber es war auch ein lautes Warnsignal für uns alle, nicht in irgendwelche Schwierigkeiten zu geraten. Letztendlich kamen beide Helikopter in Enderby an und brachten den Mann und seine Frau sicher zurück.

Auf dieser Reise in den Süden wurde ich mit vierundzwanzig Stunden Tageslicht beschenkt, und jeder neue Tag war auf eine andere Weise magisch. An Bord waren fünfzig zahlende Passagiere aus der ganzen Welt sowie eine engagierte Expeditionscrew. Mit uns fuhren aber auch Ornithologen, Meeresbiologen, Geologen und ein Klimaforscher sowie der Expeditionsfotograf Pavel Ovchinnikov. Der freundliche junge Mann mit toller Ausstrahlung schien eine genauso große Schwäche fürs Fotografieren zu haben wie ich. Im Laufe der Expedition stellte er mir oft technische Fragen zur Fotografie. Am Ende des Tages kamen viele von uns an den Tischen im Speiseraum zusammen und wir sahen uns die Fotos an, die wir gemacht hatten. Ich freute mich, mein Wissen mit allen teilen zu können, die Fragen zu ihren Kameras oder zur Fotografie im Allgemeinen hatten. Als wir gegen Ende der Reise auf dem Weg nach Hobart waren, kam Pavel zur mir, reichte mir eine Karte der Firma, die ihn als Fotografen für dieses Schiff angeheuert hatte und sagte: »Weißt du, du würdest das hier richtig gut machen.«

Und so fing alles an. Zuerst war ich Expeditionsfotografin auf russischen Schiffen in der Antarktis, dann auf norwegischen Schiffen in der Arktis und Antarktis. Ich verbrachte einen bis drei Monate in der Antarktis, kehrte nach Hause zurück und fuhr dann für einige Zeit in die Arktis. Wie bereits erwähnt, erzählte ich allen Leuten gern von meiner »Bipolarität«.

Gletscherzunge
Antarktische Halbinsel, Februar 2010

An Gletscherausläufern fahre ich gern langsam entlang und
fotografiere die Eiszunge. Es ist spannend, einen kalbenden
Gletscher zu beobachten. Eisblöcke lösen sich ab, treten ihre
Reise in das tiefe Meer an und verwandeln sich auf dieser Reise
in etwas Neues.

Schmelzender Eisberg im Errera-Kanal
Antarktische Halbinsel, Dezember 2007

Einzelne Wassertropfen fungieren auf der Oberfläche dieses Eisbergs als Vergrößerungslinsen. Die golfballgroßen, muldenartigen Vertiefungen entstehen, wenn die Wassertropfen das Eis darunter zum Schmelzen bringen. Und so geht es Tropfen für Tropfen immer weiter, bis der Eisberg sich im Laufe der Zeit auflöst.

»Bergy Bits« im Errera-Kanal
Antarktische Halbinsel, Dezember 2007

Kleine Eisberge, die nicht größer sind als ein Haus, werden
»Bergy Bits« genannt. Diese drei »Bergy Bits«, zusammengedrängt
wie geparkte Autos, zeigen die vielfältigen Formen und charakte-
ristischen Eigenschaften, die Eisberge besitzen können.

Gletscherzunge, Neko Harbor
Antarktische Halbinsel, Dezember 2007

Alles kehrt zu seinem Ursprung zurück. Ich bin sicher, dass
die massive Kante dieses Gletschers längst ins Meer gestürzt und
in den großen Kreislauf zurückgekehrt ist, aus dem sie gekommen
ist. Genau wie für uns gibt es auch für den Gletscher kein
wirkliches Ende, nur ein ewiges Wiedereintreten in den Zyklus.
Das Wasser, das einst als Schnee auf die Erde gefallen ist, wurde
über die Jahrtausende zu stahlhartem Eis zusammengepresst, hat
sich schürfend und holpernd über den Erdboden geschoben und
das Land mit dem Gewicht seiner eigenen Masse geformt, bis es
diese Kante erreicht hat. Es kann sein, dass es ein kurzes Leben
als Eisberg führt, aber es wird auf jeden Fall nicht lange dauern,
bis es irgendwann in der Zukunft wieder zu Regen, Schnee und
vielleicht zu Eis wird.

Kopfstehender Eisberg

Qassiarsuk, Südgrönland, August 2008

Vor meinen Augen verschob sich plötzlich ein ganz gewöhnlich
aussehender, schneeweißer Eisberg, drehte sich auf den Kopf und
enthüllte diesen riesigen blauen Berg, der aussah wie gestoßenes
Eis in einem Glas. Das Blau wird durch die Kompression des
Eises erzeugt. Je weniger Luftblasen sich im Eis befinden, desto
blauer wird aufgrund der Lichtbrechung seine Farbe.

Der Tod ist nicht das Ende
Antarctic-Sund, Antarktis, Februar 2010

Stürme verdunkelten den Himmel, als wir an dieser instabilen Eissäule vorbeifuhren, die am Rand des Meeres balancierte. Ich konnte nicht umhin mich zu fragen, seit wie vielen Jahren das Eis und der Schnee unterwegs gewesen waren, um dann hier am Rand auf ihre eigene Zerstörung zu warten.

Blaue Unterseite enthüllt, Detail II
Spitzbergen, Juli 2010

Wenn der Kongsfjord-Gletscher in Spitzbergen kalbt, kann
man diese herrlich türkisblauen Gebilde zu Gesicht bekommen.
Ich hatte das Glück, dieses Foto an einem wolkenverhangenen,
ruhigen Tag aus dem Schlauchboot machen zu können. An
bewölkten Tagen zeigen die Eisberge ihre wahren Farben.

Eingeschlossener Eisberg
Ostgrönland, August 2006

Der dunkelblaue Streifen aus Eis, der sich über diesen Eisberg zieht, erzählt von einer Zeit, in der Wasser durch eine Rinne über den Eisberg floss und – ohne Luftblasen zu bilden – schnell gefroren ist.

Gestrandete Eisberge im Mondlicht
Diskobucht, Grönland, September 2009

Die Fjordschwelle an der Mündung des Ilulissat-Eisfjords dient als eine Art Schranke für Eisberge wie diese, die im Laufe von zwei Jahren etwa hundert Kilometer weit gereist sind. Die massiven Eisberge ragen gut fünfundsiebzig bis neunzig Meter aus dem Wasser empor. Der Stau aus Eisbergen bleibt bestehen, bis die Gezeitenströmungen diese wieder freisetzen. Vermutlich brechen sie bei Kollisionen auseinander, drehen sich herum und werden kleiner, bevor sie grünes Licht bekommen und ins offene Meer treiben.

VI

Erst als ich begann, auf Schiffen zu arbeiten, fand ich endlich, dass mein Nachname zu mir passte. Einmal war ich auf der Brücke der M/V *Prince Albert II*, als der Kapitän mich fragte: »Seaman, ist das dein richtiger Name?« Als ich ihm sagte, dass ich wirklich so heiße, und ihm erzählte, dass ich aus einem Stamm von Seefahrern komme, antwortete er mit einem Nicken. »Das ist ziemlich cool«, sagte er.

In den fünf Jahren meiner Arbeit als Expeditionsfotografin auf Schiffen bin ich der Mitternachtssonne nachgejagt und habe jede Sekunde jedes einzelnen Tages geliebt. Ich habe so viel Zeit in den Polarregionen verbracht, dass mir vertraute Dinge fremd erschienen, wenn ich nach Hause kam. Ich habe viele Monate in einer Umgebung verbracht, in der nichts den Horizont störte und in der es keine Bäume gab. Wenn ich dann in niedere Breiten zurückkehrte, war ich fasziniert von Bäumen, weil sie so grün und so hoch waren. Außerdem interessierte mich, wie sich die vielen Monate mit ausschließlich Tageslicht auf mein Empfinden für die Nacht auswirken würden. Monatelang in Regionen zu leben, in denen es keine Dunkelheit und keine Sterne gab, war etwas ganz Besonderes, aber wenn ich dann nach einer Expedition nach Hause kam und der Himmel dunkel wurde, flößte mir das augenblicklich Angst ein. Der Himmel ist dunkel geworden! Wie kann das sein? Wo ist die Sonne geblieben? Ist alles in Ordnung?

Im Jahr 2007 verkündeten die Vereinten Nationen, dass der Klimawandel Realität ist. Im selben Jahr brachte ich den Mut auf, meine Fotos einer Jury in Santa Fe (New Mexico) zur Begutachtung vorzulegen. Meine Arbeiten wurden gut aufgenommen. Ich habe dort viele Fotos gezeigt, die ich in der Arktis und Antarktis aufgenommen hatte und auf denen Landschaften, Pinguine, Eisbären und Ähnliches zu sehen waren, aber als Joslin Van Arsdale auf ein Foto von einem Eisberg stieß, wurde sie ganz still. Sie dachte ziemlich lange über das Foto nach, sah schließlich

zu mir auf und fragte: »Haben Sie noch mehr davon?« Sie sagte, sie hielte eine Serie von Fotos, auf denen nur Eisberge zu sehen wären, für interessant. Ich befolgte ihren Rat, stellte fünfundzwanzig meiner besten Eisbergfotos zusammen und reichte sie bei einem Wettbewerb ein, erwartete aber nicht, den Hauptpreis zu gewinnen: die Veröffentlichung meiner Aufnahmen in einem Buch. Ich nahm teil, damit meine Fotos ein breiteres Publikum erreichten. Bei diesem speziellen Wettbewerb wurden die Einsendungen an zweihundertfünfzig professionelle Vertreter der Branche verschickt – Galerien, Museen, Zeitschriften, Verleger und Redakteure – und mein Telefon klingelte immer häufiger. Der Kurator des Museums an der University of Michigan rief an und erkundigte sich nach der Größe und den Preisen meiner Arbeiten. Galerien traten mit mir in Kontakt und fragten, ob sie meine Interessen vertreten und meine Arbeit zeigen dürften. Und dann kontaktierte mich zu meinem Erstaunen der Kurator des Museums der National Academy of Sciences und fragte mich, ob er vorbeikommen und meine Fotos ansehen dürfe.

Meine Freunde meinten, dass ich mich langsam hocharbeiten müsse, wenn ich es in der Fotografie »zu etwas bringen« wolle. »Fang klein an«, rieten sie. Ich sollte bei den Cafés vor Ort fragen, ob sie Interesse daran hätten, meine Fotos zu zeigen. Nachdem einige Ausstellungen in Cafés stattgefunden hätten, sollte ich mich, so schlugen sie vor, an kleine ortsansässige Galerien wenden. Ich ließ nicht mit mir reden und erwiderte: »Es tut mir leid, aber ich sehe meine Fotos nicht in Cafés oder kleinen Galerien.« Die Antwort war: »Dann wirst du es nicht sehr weit bringen.«

Meine Vision war, dass meine Arbeiten in großen Räumen mit weißen Marmorböden hängen würden. Ich konnte ihnen nicht erklären, dass diese Vision klar war und dass ich an ihr festhalten würde. Als der Kurator der National Academy of Sciences in meinem Studio in Berkeley ankam, war ich mehr als nur ein bisschen nervös. Ich war mir nicht sicher, was er wollte oder warum er so weit gereist war, um mich zu treffen und meine Arbeiten zu sehen. Wir sahen uns die Fotos an und redeten ein wenig über die Arbeit und wie ich dazu gekommen war. Dann bot er mir eine Einzelausstellung im Museum in unserer Hauptstadt an. Ich hatte das Gefühl, ihm sagen zu müssen: »Aber meine Fotos wurden noch nie irgendwo ausgestellt, nicht einmal in einem Café.« Daraufhin meinte er, meine Arbeit sei wichtig und müsse der Öffentlichkeit zugänglich gemacht werden. Er wollte derjenige sein, der sie als Erster zeigte.

Einige Monate nachdem die Abzüge nach Washington, D. C., geschickt worden waren, wurde die Ausstellung mit einer Vernissage eröffnet. Ich empfand eine unglaublich tiefe innere Zufriedenheit, meine Fotos in diesem historischen Gebäude zu sehen – es waren nicht nur große Räume, sondern es gab auch einen weißen Marmorboden!

Nach einem derart vielversprechenden Start meiner Karriere riss der Faden der positiven Ereignisse nicht mehr ab. Meine Fotos wurden auf der ganzen Welt ausgestellt. Sie und Teile meiner Geschichte erschienen in Zeitschriften in vielen Ländern. Ich wurde mehr und mehr gebeten Vorträge zu halten, und überall, wo meine Arbeit und meine Worte gezeigt und gehört wurden, öffneten sich die Menschen und ließen mich wissen, wie sehr sie meine Arbeit schätzten. Mir wurde immer stärker bewusst, dass die Geschichte, die ich erzählte, genauso wichtig war wie die Fotos. Mir war nicht klar gewesen, wie ungewöhnlich meine Sichtweise ist oder wie wichtig sie in unserer heutigen Zeit ist.

2011 wurde ich als Fellow in die Initiative TED (»Technology, Entertainment, Design«) aufgenommen und bekam damit neben anderen positiven Denkern einen Platz auf einer globalen Plattform. Wenn es einen positiven Denker gibt, der mich bis heute inspiriert, dann ist es Martin Luther King Jr. Mit seinen Reden gab er anderen den Impuls zu handeln. Er sprach nie ausschließlich davon, wie unterdrückt oder unterjocht sein

Volk war. Er wies anderen den Weg, die ersten schwierigen Schritte in eine neue Zukunft zu gehen. Ich bin mir darüber im Klaren, dass Menschen ohne positive Inspirationsquelle zu ängstlich sein können, um voranzuschreiten. TEDsters sind nicht nur daran interessiert, über einen Wandel zu reden, sondern wollen der Wandel sein und ihn auch vollziehen. Mir wurde als TED-Fellow klar, dass ich kein Interesse daran hatte, Angst zu verbreiten, und stattdessen bei der Bekämpfung des Klimawandels einen positiven Ansatz verfolgen würde.

Jeder Einzelne von uns ist ein Erdbewohner und wir teilen uns diesen Planeten mit vielen Tausend anderen Lebensformen, von denen die große Mehrheit auf irgendeine Weise mit uns in Verbindung steht – Knospen und Äste am Baum des Lebens. Es war an der Zeit, die Geschichten weiterzugeben, mit denen ich aufgewachsen war, das Wissen großzügig mit anderen zu teilen, das meine Familie mit mir geteilt hatte, und diese Geschichten zu erzählen, die unser schwaches Verständnis von der Rolle neu definieren, die der Menschheit zukommt. Ich musste diese Geschichten erzählen, die uns daran erinnern, wie schön, wie kostbar und zerbrechlich unser Planet ist. Wir müssen die Regeln, die diesen Planeten als vernetztes Ökosystem bewahren, entdecken und sie befolgen. Die Erde ist kein Spielplatz für uns Menschen. Wenn eine Spezies untergeht, gehen wir alle unter.

Dann entdeckte ich eines Tages ein Foto, das deutlich machte, was diese Arbeit für mich persönlich bedeutete: das Foto eines Mädchens aus dem Stamm der Athabasken bei einer Demonstration indigener Kanadier gegen Teersand auf ihrem Land. Sie hielt ein Schild in ihren Händen, auf dem nichts weiter stand als: »Sei ein guter Vorfahre.« Ich fühlte mich direkt angesprochen. Dieses Kind forderte mich dazu auf, an die zukünftigen Generationen zu denken. Mir wurde bewusst, dass ich alle, die meine Fotos ansahen, dazu aufforderte, genau dasselbe zu tun.

Tafeleisberg mit Reflexion

Kap Adare, Antarktis, Dezember 2006

Es war ein bittersüßer Morgen unweit des Kap Adare. Wie hatten vor, in ein paar Stunden in Richtung Norden zurück nach Hobart in Tasmanien zu fahren und die Antarktis hinter uns zu lassen. Der Nebel und der Schnee drückten auf die Stimmung, und dieser Eisberg, der aussah wie ein Geburtstagskuchen, lag dort ganz allein, ruhig und still.

Walross gegen Hütte

Poolepynten, Spitzbergen, Juli 2008

Sogar aus einiger Entfernung konnte man ihren Geruch gut wahrnehmen. Wir durften uns den Tieren nur bis auf fünfzehn Meter nähern, fuhren allerdings nicht ganz so nah heran, um sie nicht zu stören. Ich konnte ihre Größe nur sehr schwer einschätzen, bis ich sah, wie vier große Norweger – Beamte der Küstenwache – die Hütte betraten und wie ein Walross einige Minuten später diese Hütte plötzlich winzig aussehen ließ. Erst da wurde mir klar, wie riesig dieses Tier war.

Eisbär am Gletscher
Spitzbergen, Juni 2009

Da es in den Sommermonaten immer weniger Meereis gibt, suchen die Eisbären die Nähe von Gletschern, um Plätze zum Abkühlen zu finden. Außerdem besteht immer die Möglichkeit, einige Robben im Meer vor den Gletschern zu entdecken, falls dort noch Reste von Meereis übrig sind.

Gestrandeter Eisbär, Lower Savage Islands

Kanadische Arktis, August 2008

Ich hatte keine Ahnung, wie gut Eisbären klettern können. Hier konnte ich beobachten, wie dieser Bär den Felsen immer weiter hochgeklettert ist, um sich dann dort niederzulassen. Auf diesen Inseln haben die Bären nichts anderes zu tun als zu warten. Sie schlafen, warten und halten Ausschau nach Vogelnestern oder irgendetwas (einschließlich junger Eisbären), das ihnen vielleicht als Nahrung dienen könnte.

umseitig

Arktische Seeschwalbe

Poolepynten, Spitzbergen, Juni 2010

Arktische Seeschwalben gehören für mich zu den erstaunlichsten Lebewesen. Als wahre Marathonläufer unter den Vögeln fliegen sie jedes Jahr von der Arktis bis in die Antarktis in ihre Winterquartiere. Diese Seeschwalbe hat in jenem Jahr ein einziges Ei irgendwo auf den Sand vor mir gelegt. Es ist so gut getarnt, dass ich Gefahr laufe draufzutreten, und das würde ihr überhaupt nicht gefallen. Sie fliegt hoch, schießt wieder herab und hackt fiepend auf meine Mütze ein, die ich hochhalte, um sie von meinem Kopf abzulenken. Ich gehe langsam zurück, und erst als sie der Meinung ist, dass mein klobiger Schuh weit genug von ihrem Ei entfernt ist, landet sie vorsichtig und ohne einen Laut, um sich erneut auf ihrem Ei niederzulassen.

Sibirische Herumtreiber

Spitzbergen, Juli 2008

Walrosse zu fotografieren, die sich auf dem Strand versammelt haben, kann genauso schwierig sein wie einen Berg Kartoffeln zu fotografieren. Man muss geduldig und gut vorbereitet sein, weil es immer sein kann, dass sie sich bewegen, ihre Position ändern oder sich kratzen. Bringt man genug Geduld auf, gelingt vielleicht sogar eine Frontalaufnahme wie diese hier.

Fellreinigung
Spitzbergen, Juli 2008

Diese junge Eisbärin scheuerte sich an sauberem Schnee und Eis, um ihr Fell vom Salz zu befreien. Die Haut der Eisbären unter dem dichten Fell ist vollständig schwarz. Da die Haare des Fells innen hohl sind, können die Sonnenstrahlen bis zur dunklen Haut des Eisbären durchdringen – ein hervorragender Schutz gegen die extreme Kälte.

Ich konnte dieses Foto machen, weil ich in einem kleinen Boot unterwegs war. Wir waren nur ungefähr zehn Meter von der Eisbärin entfernt und vermutlich die ersten Menschen, die sie je zu Gesicht bekommen hat. Sie war sehr neugierig und blieb am Rand der Eisscholle, während ihre Mutter sie aus einiger Entfernung beobachtete. In Spitzbergen war das eine meiner schönsten Begegnungen mit Eisbären.

umseitig

Übergriff eines Eisbären auf Vogelkolonie II
Spitzbergen, Juni 2010

Wir beobachteten von unserem Schiff aus, wie dieser junge Eisbär, seiner Spürnase folgend, mehr als acht Kilometer weit zu dieser kleinen Insel mit ungefähr zehn Meter hohen Klippen schwamm. Vögel nisteten auf der Spitze der zerklüfteten Felsen, und ein hungriger Bär ist und bleibt ein hungriger Bär. Die Eismöwen waren in höchster Alarmbereitschaft und dem großen Tier gegenüber sehr misstrauisch.

Eisbär auf Gletscher
Spitzbergen, Juni 2009

Dieser Eisbär war auf einer gefährlichen Reise auf und über einen Gletscher unterwegs. Sein unglaublicher Geruchssinn sorgt dafür, dass er sich von tückischen Gletscherspalten fernhält. Ich war erleichtert, als ich ihn nach seinem Ausflug auf der anderen Seite an der Küste entdeckte.

Übergriff eines Eisbären auf Vogelkolonie IV

Spitzbergen, Juni 2010

In weniger als zwei Stunden kletterte dieser Bär von Nest zu Nest über die Felsen – die alarmiert auffliegenden Möwen und Eiderenten brachten sich in Sicherheit. Sie hatten keine andere Wahl, als dem hungrigen Bären, der kein einziges Nest verschonte, ihre Eier und hilflosen Küken zu überlassen. Bei dieser Szene wurde mir zum ersten Mal klar, wie sich das, was an den Polen geschieht, unmittelbar auf uns in den gemäßigten Zonen auswirkt. Diese Vögel hatten Tausende von Meilen zurückgelegt, um ihre Eier zu legen, und in kürzester Zeit war ein ganzer Geburtsjahrgang vernichtet. Ohne Eis gibt es keine Robben, also frisst ein hungriger Bär die Vögel; und so gibt es keine Vögel, die die Schädlinge auf den Äckern und Weiden in Europa vernichten …

Arktische Seeschwalbe

Poolepynten, Spitzbergen, Juni 2010

umseitig

Auf der Suche nach der Zukunft

Lower Savage Islands, Kanadische Arktis, August 2008

Wir haben mehr als zweiunddreißig Eisbären auf dieser Insel gezählt. Es gab dort weder Schnee noch Eis und rundherum nur das offene Meer. Hier mussten die Bären lange auf die Rückkehr des Eises warten. Es würde für einige von ihnen den Tod bedeuten und vermutlich sogar in Kannibalismus enden.

An der Eiskante

Spitzbergen, Juni 2010

Sie sah uns an, wie wir in unserem Schlauchboot saßen. Die Passagiere aßen mit Schokolade überzogene Erdbeeren und tranken Champagner aus langstieligen Gläsern. Ich fragte mich, was wohl in ihrem Kopf vorging, während sie ihren Blick direkt auf uns richtete. Ihre Mutter in etwa dreihundert Meter Entfernung hob hin und wieder den Kopf, um die Witterung ihres Jungen aufzunehmen. Sie würde mit ihren fast zwei Jahren bald alt genug sein, um ihre Mutter zu verlassen und auf sich gestellt zu sein. Ich werde sie vermutlich nie wiedersehen und wünschte ihr Glück, als ich dieses Foto aufnahm.

VII

Der Verzicht auf meinen Platz in dem überfüllten Flug der Alaska Airlines im Jahr 1999 gehörte in der Tat zu den Ereignissen, die mein Leben von Grund auf verändert haben, das von Tag zu Tag immer noch an Erfahrungen reicher wird. Dieser Freiflug an einen Ort, von dem ich angenommen hatte, dass ihn nicht sehen musste (oder wollte), setzte eine Reihe von bemerkenswerten Ereignissen in Gang. Das erfüllte und schöne Leben, das ich heute führe, hätte ich früher nie für möglich gehalten.

Die Zeit, die ich zum Nachdenken hatte, hat mir tiefe Einblicke gewährt. Wir alle sind uns auf unserem Weg in das 21. Jahrhundert bewusst, dass sich etwas ändern muss. Die Entscheidungen, die wir heute treffen, werden in der Zukunft zwangsläufig weitreichende Auswirkungen haben. Die Erde gehört uns nicht, wir gehören der Erde. Wie können wir mit diesem Wissen ruhig dasitzen und nichts tun? Wie können wir als Erdenbürger darauf bauen, dass andere den Müll aufsammeln und das Wasser, die Luft und den Boden von Schadstoffen befreien? Ich habe mir lange Zeit die Frage gestellt: »Muss ausgerechnet ich es sein?« Ich weiß in meinem Herzen, dass die Antwort lautet: ja. Ich muss es sein, und du und du und du. Jeder von uns hat einzigartige Fähigkeiten. Jeder von uns kann etwas tun, das niemand auf dieser Erde besser kann. Jeder von uns ist absolut unersetzlich. Wir brauchen uns gegenseitig. *Ich brauche dich.* Wir brauchen jede einzelne Pflanzen- und Tierart. Wir definieren uns gegenseitig. Ohne andere würden wir uns selbst nicht kennen.

Der Wandel hat bereits begonnen. Er scheint nur langsam voranzuschreiten. Aufgrund der kollektiven, in unseren Zellen gespeicherten Erfahrung sind wir genau die Richtigen für diesen Job. Ich erlebe immer mehr Menschen, die Lösungen schaffen, Fragen stellen oder Bereiche ins Licht rücken, die enthüllt werden müssen. Die Macher, die Denker, die Visionäre – sie alle sind auf der Suche nach Lösungen, die uns stolz machen werden, uns nicht nur als Menschen, sondern als das zu bezeichnen, was wir sind: als Erdbewohner.

Der Wandel kommt. Irgendwie hat sich in unseren Köpfen festgesetzt, Wandel bedeute Verlust oder Opfer, aber Wandel bedeutet weitaus mehr. Er kann furchteinflößend oder ermutigend und bereichernd sein, und ich ziehe es vor, den zukünftigen Wandel als eine Ermutigung und Bereicherung zu betrachten. Es fällt zunehmend leichter, sich eine menschliche Welt vorzustellen, in der es nicht auf Besitz, Glamour und Status ankommt, sondern darauf, wie gut wir mit unserer Umwelt in Harmonie leben können, wie wir andere Spezies mit Respekt behandeln statt sie zu unterjochen, indem wir erkennen, dass die Erde keine Quelle ist, die wir Menschen erschöpfen dürfen. Dieser Planet ist nicht dazu da, von uns ausgebeutet und dann ausrangiert zu werden. Wir sollten versuchen, die Erde als heilig zu begreifen. Als das wahre Geschenk, das sie ja auch ist. Ein grünblauer Planet, der in der Lage ist, uns so ziemlich alles zu bieten, was wir uns nur wünschen können, wenn wir ihn mit Liebe und umsichtiger Sorgfalt behandeln. Wir sollten uns durch das definieren, was uns eint, und nicht durch Dinge, die uns voneinander trennen.

»Also, was kann ich tun?«, wirst du fragen. »Ich bin nur ein einzelner Mensch. Wie sollte ich dazu beitragen können, den positiven Wandel herbeizuführen, der erforderlich ist, wenn dieser notwendige Wandel unermesslich groß, wenn nicht unmöglich erscheint?« Mir ist es nicht anders ergangen. Ich war erschüttert von dem, was ich sah, und niedergedrückt durch das bloße Gewicht der Schwierigkeiten, mit denen wir konfrontiert sind. Auch ich habe mir diese Fragen gestellt, aber ich habe entdeckt, dass *genau das*, was ich tue, einen Unterschied ausmacht.

Ich hatte keine Ahnung, dass meine Fotos auf der ganzen Welt gezeigt und die Menschen auf eine sehr persönliche Weise berühren würden. Es hat nicht den Anschein, als wäre es viel, und es fühlt sich nicht an, als wäre es etwas Besonderes. Jede E-Mail, in der Menschen mir schreiben, dass sie, nachdem sie meine Fotos von den Polarregionen gesehen haben, Eis nie mehr so sehen werden wie vorher, ist wichtig. Jedes Mal, wenn andere mich wissen lassen, dass meine Arbeit sie auf irgendeine Weise berührt hat, weiß ich, dass sie der Mühe wert war. Den Preis wert, den ich bezahlen muss. Ich war eine apathische Erdbewohnerin, die hoffte, ihr Ding durchziehen zu können, ein ruhiges Leben zu führen, und das in Ordnung fand. Ich bin sicher, dass es vielen von uns nicht anders geht, aber letzten Endes ist es notwendig, sich für das Wohlergehen kommender Generationen einzusetzen – und für jene, mit denen wir die Erde hier und jetzt teilen. Wir müssen einen Schritt nach vorn tun, als Sohn, als Tochter, als Mutter, als Schwester, als Freund, als Nachbar. Das sind wir uns gegenseitig schuldig. Wir sind es *allen* Mitbewohnern dieser Erde schuldig. Jeder Atemzug, den wir tun, passiert so leicht und mühelos, aber das kann sich ändern. Die Klarheit und Reinheit der Luft sind leicht zu zerstören, und unsere Atemluft ist ein fragiles Gut. Es ist unsere Pflicht als Bewohner dieses Planeten, den Atem des Lebens zu ehren und zu achten, wenn wir wollen, dass menschliches Leben auf unserem Planeten weiterbesteht.

Welche besondere Gabe hast du? Was tust du, was dich besonders froh macht?

Es ist unvermeidlich, dass das, was einen selbst glücklich macht, auch anderen dient. Wir alle sind uns gegenseitig verpflichtet, und wenn wir das erkennen, geschieht Gutes. Ich weiß, es klingt banal, aber wenn man glücklich ist und ein erfülltes Leben führt, dann konsumiert man weniger und verschwendet auch weniger. Man trifft klügere Entscheidungen, von denen nicht nur andere profitieren, sondern auch man selbst, und diese klügeren Entscheidungen haben eine nachhaltige Wirkung.

Ich habe im Laufe der Jahre gelernt, dass ich die Einzige bin, die mich davon abhalten kann, Ziele gleich welcher Art zu erreichen.

Entschuldigungen und negatives Gerede – ich kann nicht, ich will nicht, ich sollte nicht – können und werden jeden herunterziehen und jede Entwicklung zum Stillstand bringen. Wenn man beschließt, was man wirklich mit seinem Leben anfangen möchte, und dann sämtliche Entschuldigungen auflistet, die man hat, es nicht zu tun, wird man vielleicht entdecken, wie unsinnig diese sind. Man muss den Traum träumen, wie man die Welt gerne hätte und welches Leben man darin führen möchte. Auf einer weiteren Liste sollten die Hindernisse vermerkt sein, die diesem Traum im Wege stehen, und dann kann man analysieren, wie diese Hindernisse überwunden werden können.

Wir brauchen jeden Einzelnen. Wir brauchen jede einzelne Vision, wie das Leben sein kann, nicht nur, wie es ist. Die Erschaffung einer friedlichen Welt auf diesem wunderschönen Planeten war immer schon ein kollektives Unterfangen. Als Mutter einer Tochter im Teenageralter weiß ich – und wusste es schon, als sie noch klein war –, dass ich als Beispiel vorangehen muss. Positive Veränderungen stellen sich schneller ein, wenn wir aufhören, Kinder zu sein, die darauf bauen, den uns gesetzten Beispielen zu folgen, und stattdessen verstehen, dass Beispiele aktiver Veränderungen da ansetzen müssen, wo wir an unseren Standards festhalten.

Paul Hawken, ein guter Freund von mir, hat einmal gesagt: »Uns steht keine Klimakrise bevor, sondern eine Kulturkrise.« Ich weiß, dass unser Verhalten sich zwangsläufig ändern wird, wenn wir die Erkenntnis zulassen, dass wir mit diesem Planeten auf vielfältige Weise verknüpft sind und dass diese Verknüpfungen definieren, was es heißt, Mensch zu sein. Die Art, wie wir das einzige Zuhause behandeln, das wir haben, diesen fantastischen Planeten Erde, wird sich verändern. Der Wandel hat bereits begonnen. Lasst uns diesen Wandel positiv gestalten. Ich frage dich jetzt, wie du auf diesen Aufruf reagieren wirst?

Musst ausgerechnet *du* es sein?

Evigheds-Fjord, »Ewiger Gletscher«
Westgrönland, September 2009

Dieser fast hundert Kilometer lange Fjord wurde »Ewiger
Gletscher« genannt, weil er kein Ende zu haben schien. Doch der
Gletscher selbst ist nur noch ein Schatten seiner früheren Pracht.
Man kann heute viele Felsen entdecken, die vor nicht allzu langer
Zeit noch von einer Eisschicht überzogen waren.

Mir nach!

Spitzbergen, Juni 2010

In der Arktis hat man es heute als Mutter von zwei Jungen nicht leicht. Die Sterberate junger Eisbären liegt bei siebzig Prozent. Mit abnehmendem Meereis wird die Jagd auf Robben zu einer Herausforderung, und der Hungertod ist keine Seltenheit.

umseitig

Das innere Leuchten
Lemaire-Kanal, Antarktis, Dezember 2007
Der Lemaire-Kanal ist für seine Enge und seine spektakulären
Gipfel bekannt, die aus dem Meer in den Himmel ragen. An
diesem Abend wurde ich Zeugin eines merkwürdigen Leuchtens
in den Wolken über den Gipfeln und konnte mir nicht erklären,
wie es entstanden war. Es wird ein Rätsel bleiben.

Wenn die Sonne scheint
Antarktische Halbinsel, Februar 2010

Die Antarktis ist groß, aber der Himmel ist größer. Werden
die Wolken über der Antarktis, die ungeheuer riesig erscheinen
können, von der Sonne erleuchtet, können magische Momente
entstehen. Ich verbringe gern so viel Zeit wie möglich an Deck,
immer Ausschau haltend, immer bereit. An diesem Abend wurde
meine Mühe belohnt.

Die Wolkenmacher, Detail

Antarctic-Sund, Antarktis, Februar 2010

Eine Ansammlung gigantischer Tafeleisberge, die wie ein schwimmendes Stonehenge aus Eis in der Mitte des Antarctic-Sundes trieb, produzierte ihre eigenen Wolken.

Übrig gebliebenes Stück Meereis
Spitzbergen, 17. Juli 2008

Immer weniger mehrjähriges Meereis übersteht die wärmeren
Temperaturen des arktischen Sommers. Weniger Meereis hat
viele Gesichter: von weniger Jagdgründen für Eisbären bis hin zu
einer steigenden Wärmemenge, die von der zunehmend dunklen
Oberfläche des Meeres absorbiert wird. Klimamodelle können
mit den tatsächlichen Schmelzraten und den unvorhergesehenen
Nebeneffekten unserer schmelzenden Pole nicht mehr Schritt
halten.

Eisberge in Treibeis II

Ross-Meer, Antarktis, Dezember 2006

Es war großartig, diese beiden gewaltigen Eisberge zu beobachten. Durch die starke Brandung des Meeres hob und senkte sich das gesamte Eis, als würde es atmen. Die beiden Eisberge trieben aufeinander zu, und es sah so aus, als würden sie bald zusammenstoßen. Da wir noch einige Kilometer von ihnen entfernt waren, konnte ich nicht sehr gut beurteilen, ob das tatsächlich geschah oder nicht.

umseitig

Am äußersten Ende der Welt

Nordwestgrönland, September 2009

Wir waren so weit nördlich, dass ich die Ellesmere-Insel am Horizont erkennen konnte. Es war windstill und bis auf die Geräusche der Menschen an Bord und die unseres Schiffes sowie das gelegentliche Bersten oder Knacken der Eisbrocken herrschte absolute Stille. Das Meer gab uns ein perfektes Spiegelbild des Himmels wieder. Es war wie ein Traum, und ich fragte mich, ob wir in eine andere Dimension geraten waren.

Reflexionen

Baffin-Bucht, Grönland, September 2009

Das traumhafte, trügerische Licht in der Hocharktis spielt, mit der Ellesmere-Insel am Horizont, dem Verstand einen Streich. Es herrscht absolute Stille. Ich bin sprachlos, dass es so hoch im Norden nur noch so wenig Eis gibt.

Eisberg bei Sonnenuntergang
Westgrönland, August 2009

Man kann sich unschwer vorstellen, dass die Fahrt durch ein
Meer voller Eisberge bei hereinbrechender Dunkelheit zu einer
sehr ernsten Angelegenheit werden kann. Am Bug des Schiffes
sind große Scheinwerfer angebracht, und Crewmitglieder haben
die Aufgabe, Ausschau zu halten. Es sind nicht die großen Eisberge, auf die man achten muss, sondern die kleinen, transpa-
renten. Diese kleinen Eisberge aus altem, hartem Eis sind alles,
was von einst gewaltigen Bergen aus Eis übrig geblieben ist.
Sie schwimmen wie ein unsichtbarer Dosenöffner dicht unter
der Wasseroberfläche und warten auf dein Schiff.

Erinnerung an Turner II

Antarctic-Sund, Antarktis, Februar 2010

Dunkelheit habe ich in der Antarktis selten erlebt, weil ich meistens im Hochsommer dort war, wenn es vierundzwanzig Stunden am Tag hell ist. Als wir Ende Februar durch den Antarctic-Sund in Richtung Norden fuhren, hatten wir das Glück, einen antarktischen Sonnenuntergang zu erleben. Die Farben waren umwerfend. Die Sonne ging vor uns unter und gleichzeitig hinter uns auf. Eine Erfahrung, die ich nie vergessen werde.

Mein tief empfundener Dank gilt Tia, dem TED-Fellows-Programm,
der Stanford-Knight-Fellows-Klasse 2014, Hurtigruten, Steve McCurry,
Theme Media, dem Eis und allen, die mir nahestehen.

Die Deutsche Nationalbibliothek verzeichnet diese Publikation in der Deutschen Nationalbibliografie;
detaillierte bibliografische Daten sind im Internet über www.dnb.de abrufbar.

Prestel Verlag, München
in der Verlagsgruppe Random House GmbH
Neumarkter Straße 28
81673 München
Tel. +49 (0)894136–0
Fax +49 (0)894136–2335

www.prestel.de

Projektleitung Verlag: Stella Sämann
Lektorat: Ilka Backmeister-Collacott
Übersetzung aus dem Englischen: Annegret Hunke-Wormser, Berlin
Herstellung: Astrid Wedemeyer
Gestaltung: Jan Haux
Satz: Greiner & Reichel, Köln
Druck und Bindung: Toppan Leefung Printing Ltd

Verlagsgruppe Random House FSC® N001967
The FSC®-certified paper *Golden Sun matt* is produced
by mill Yan Zhou Tian Zhang Paper Industry Co., Ltd.

ISBN 978-3-7913-8142-8